LEBEN JENSEITS VON ABLENKUNG

Basierend auf einer Telecall-Reihe über
Ablenkungsimplantate

mit

Gary M. Douglas und Dr. Dain Heer

ACCESS
CONSCIOUSNESS®
PUBLISHING

Leben jenseits von Ablenkung

Copyright © 2019 Gary M. Douglas und Dr. Dain Heer

Die englische Originalausgabe erschien 2015 unter dem Titel „Living Beyond Distraction"

ISBN: 978-1-63493-309-4

Veröffentlicht von
Access Consciousness Publishing, LLC
www.accessconsciousnesspublishing.com

Deutsche Erstausgabe

Aus dem Englischen von Corinna Kaebel

Großen Dank an
Cheri R. L. Taylor
und Dona Haber

für ihren Beitrag bei der Kreation dieses Buches aus den
Transkripten der Telecall-Reihe über Ablenkungsimplantate.

INHALT

VORWORT

Wenn du dich in einer Situation wiederfindest, die du scheinbar nicht verändern kannst, hängst du vielleicht in einem Ablenkungsimplantat fest.

Ein Ablenkungsimplantat ist etwas, das energetisch in deinem Universum fest verwurzelt oder festgelegt ist. Es ist darauf ausgelegt, durch Ereignisse in deinem Leben getriggert zu werden und Ablenkungen zu schaffen, die dich davon abhalten, alles zu sein, was du wirklich sein kannst, und das Leben zu haben, das du wirklich gerne hättest. Ablenkungsimplantate sind der Grund, warum wir glauben, keine Wahl bei irgendetwas zu haben.

Die Ablenkungsimplantate sind:

- Wut, Zorn, Rage und Hass

- Vorwurf, Scham, Reue und Schuld

- Suchthafte, triebhafte, zwanghafte, pervertierte Ansichten

- Liebe, Sex, Eifersucht, Frieden

- Leben, Tod, Lebensweise, Realität

- Angst, Zweifel, Business, Beziehungen

Es liegt auf der Hand, dass es dir ohne sie sehr viel besser gehen würde.

In diesem Buch bieten wir Informationen und sehr wirkungsvolle Werkzeuge an, die dich befähigen werden, die Ablenkungsimplantate zu erkennen und dich von ihnen zu befreien.

KAPITEL EINS
Wut, Zorn, Rage und Hass

Gary: Hallo, heute sprechen wir über die Ablenkungsimplantate Wut, Zorn, Rage und Hass. Ich hatte euch alle eingeladen, mir eure Fragen zu schicken, und einige haben die Frage eingeschickt: „Wie kommt es, dass ich wütend bin?"

Wut, Potenz und Intensität

Neunundneunzig Prozent der Menschen auf der Welt setzen Wut als Möglichkeit ein, um die Kontrolle zu gewinnen. Wir haben Wut als eine Quelle von Kraft in der Welt fehlinterpretiert und falsch angewendet. Wir halten sie für etwas, das eine Wirkkraft bzw. Potenz kreiert.

Für viele Menschen bedeutet *Potenz* Macht oder Stärke, aber ich verwende den Begriff in einem etwas anderen Sinne. Eine Chemikalie, die andere Chemikalien verändern kann, gilt als potent. Sie kann ein Katalysator sein, um andere Chemikalien zu verändern. Wenn du potent bist, kannst du alles in deinem Leben ändern. Du kannst alles, was geschieht, verändern, sodass es besser funktioniert. Als unendliche Wesen haben wir alle diese Potenz, doch häufig erscheint sie uns nicht zugänglich, weil sie unter Ablenkungsimplantaten liegt, die dazu ausgelegt sind, uns abzulenken und uns davon abzuhalten, die unendlichen Wesen zu sein, die wir wirklich sind.

Wir tendieren dazu, Wut mit Potenz zu verwechseln, weil Wut die Menschen dazu bringt, zu reagieren – aber sie erlaubt ihnen nicht zu handeln.

Call-Teilnehmer: Kannst du darüber sprechen, was Reaktion ist?

9

Gary: Reaktion ist, wenn x eintritt und du y tust, ob du möchtest oder nicht. Etwas geschieht und du reagierst darauf, anstatt dein Handeln steuern zu können.

Call-Teilnehmer: Wenn wir wütend sind, wollen wir dann bei jemand anderem eine Reaktion hervorrufen?

Gary: Ja, und ihr schaut, wo ihr die Kontrolle haben könnt. Deswegen wendet ihr überhaupt Wut an: Ihr seht das als eine Möglichkeit, um die Kontrolle zu erlangen.

Call-Teilnehmer: Trifft es zu, dass wir Wut anstatt Potenz ausüben? Wenn du Potenz bei uns anwendest, tust du das, um eine Reaktion zu erzielen.

Gary: Nun, ich wende Nachdruck an, aber ich wende keine Wut an.

Die meisten von euch sind lieber wütend als kraftvoll, und leider unterdrückt fast alle von euch Wut. Ihr unterdrückt sie und unterdrückt sie – bis ihr reagiert – und dann haltet ihr das für Potenz. Aber das bedeutet überhaupt nicht zwangsläufig, dass ihr dann potent seid. Ihr schafft eine Situation, in der ihr in der Reaktion seid und alle anderen auch.

Call-Teilnehmer: Kannst du erklären, wie du Nachdruck anwendest?

Gary: Ich werde dann sehr laut. Wenn ich einen Nachdruck in deinem Leben kreieren möchte, werde ich sehr intensiv mit der Energie. Du hast schon beobachtet, wenn ich intensiv mit euch war. Ist das Wut?

Call-Teilnehmer: Nein.

Gary: Nein, aber es ist Intensität. Die wahre Macht im Leben ist die Fähigkeit, Intensität anzuwenden, wenn du eine Ansicht verständlich machen oder Leute dazu bringen möchtest, etwas anderes zu tun, als sie derzeit machen.

Dain: Hier ist eine der Arten, wie du Intensität und das, was die Leute als Wut bezeichnen, auseinanderhalten kannst: drei Sekunden, nachdem du intensiv gewesen bist, kehrst du zurück zu deiner Freundlichkeit – oder zumindest kannst du es, wenn du es wählst. Es gibt keine Nachwirkungen in deinem Körper. Dein Herzschlag ist nicht erhöht. Du hast nicht das Gefühl, in dem festzuhängen, was passiert ist. Bei Wut ist das nicht so.

Gary: Das ist eine gute Anmerkung, Dain, denn wenn du explosiv wütend bist, schleuderst du dich selbst aus der wahren Existenz an einen Ort, wo du versuchst, andere zu kontrollieren. Und wenn du das tust, verwendest du viel Gewalt gegen deinen Körper. Das ist das Problem mit allen Ablenkungsimplantaten; sie wirken wie Gewalt gegen deinen Körper, was dich in den falschen Momenten in einem ständigen Zustand eines Adrenalinschubs hält. Das bedeutet, dass du in einem Zustand der Reaktion bist, und nie in einem Zustand des Handelns.

Call-Teilnehmer: Ich verwechsle Wut und Potenz. Mein Vater wurde wegen allem wütend, sogar wegen kleiner unbedeutender Dinge. Ich werde auch wütend, und manchmal fällt es mir schwer, die Wut loszulassen. Ich dachte, ich hätte das schon hinter mir, doch vor Kurzem wurde ich sehr wütend auf eine sogenannte Freundin. Ich sagte ihr, sie solle aus meinem Leben verschwinden, und als sie mir zu nahekam, wurde ich rasend und dachte, ich würde sie schlagen!

Gary: Wenn du aus der implantierten Ansicht der Ablenkungsimplantate heraus wütend wirst, kannst du die Wut nicht loslassen, weil du in einem Reaktionsmodus bist. Jedes Mal, wenn du an die Person denkst, bist du in Reaktion auf das, was sie getan oder gesagt hat, was dich zum Explodieren gebracht hat. Doch nicht das, was derjenige gesagt oder getan hat, hat dich explodieren lassen. Du bist dadurch getriggert worden, dass es ein Ablenkungsimplantat war. Damit bist du groß geworden. Du bist mit jemandem aufgewachsen, der dich bei jeder Gelegenheit getriggert hat, und nun musst du, wenn die Umstände entsprechend sind, gezwungenermaßen zu Wut, Zorn, Rage und Hass übergehen. Genau dahin bist du mit deiner Freundin hingegangen.

Dain: Wir neigen dazu zu versuchen, diese Dinge logisch zu verstehen, und das kann auch eine Menge bringen, aber hier ist etwas, das ihr tun könnt, ohne dass Logik oder ein „Dahinterkommen" erforderlich sind. Wenn du mitten in dem bist, was auch immer dich triggert, sage dir selbst:

All die Ablenkungsimplantate, die das kreieren, zerstöre und unkreiere ich jetzt.

Right and Wrong, Good and Bad, POD and POC, All 9, Shorts, Boys and Beyonds.[1]

Du wirst bemerken, wie deine Energie sich verschiebt und verändert.

Diese Ablenkungsimplantate lassen dich weiter feststecken. Was meine ich mit *feststecken lassen*? Du wolltest die Wut loslassen, doch das Ablenkungsimplantat hat dich feststecken lassen, anstatt dass du die Freiheit hattest zu sagen: „Hey, verschwinde aus meinem Leben!", wenn es das war, was gesagt werden musste, und dann weiterzugehen. Wenn du nicht weitergehen kannst, bist du mitten in einem Ablenkungsimplantat.

Gary: Weil du darüber nachdenkst, weil du dich hineinsteigerst, hast du nicht die Freiheit, etwas anderes zu wählen oder zu sein oder zu tun. Genau dazu ist ein Ablenkungsimplantat ausgelegt. Es lässt dir keine Wahl.

Dain: Du sagtest, dass dein Vater, als du klein warst, immer wütend wurde wegen trivialer, unbedeutender Sachen. Diese Energie hatte etwas Intensives an sich. Möglicherweise hast du fehlinterpretiert und falsch angewendet, dass jede solche Intensität eben jene Wut, jene Ansicht aus einem Ablenkungsimplantat heraus und jene Ausweglosigkeit *ist*. Als du also gegenüber deiner Freundin diese Energie an den Tag gelegt hast, war sie, selbst wenn es nur eine Intensität war, wegen der Ablenkungsimplantate da, mit denen du aufgewachsen bist. Du hast fehlinterpretiert und falsch angewendet, dass du dasselbe getan hast wie das, was du in deiner Familie beobachtet hast.

---

[1] *Right and Wrong, Good and Bad, POD and POC, All 9, Shorts, Boys and Beyonds* ist das Clearing Statement von Access Consciousness. Das ist eine Kurzform, die die Energien anspricht, die Begrenzungen und Zusammengezogenheit in deinem Leben kreieren. Beim ersten Lesen wird dein Kopf vielleicht ein wenig verwirrt sein. Das ist unsere Absicht. Es ist dazu gedacht, deinen Verstand zu umgehen, damit du die Energie einer Situation erfassen kannst. Um mehr über das Clearings Statement und die Bedeutung der Wörter zu erfahren, lies die Erläuterung des Clearing Statement von Access Consciousness am Ende dieses Buches.

Gary: Und dass du dazu neigst, dasselbe zu tun, weil du das durch deinen Vater so gelernt hast.

Call-Teilnehmer: Mir ist bewusst, dass Frustration eigentlich nur ein Mangel an Informationen ist, und doch werde ich frustriert wegen Ereignissen oder dem, was ich für die Dummheit der Menschen halte – oder ich gehe dazu über, mich im Recht zu sehen und die andere Person im Unrecht. Ich werde so schnell frustriert, und dann wütend und ärgere mich darüber, wie schnell ich reagiere. Manchmal bin ich selbst überrascht über das Maß an Energie, das ich habe, besonders, wenn ich immer wieder mit derselben Person zu tun habe, wie zum Beispiel einem Hausmeister. Wie kann ich diese Wut überwinden und Fragen stellen?

Gary: Das ist, wo du zu dir selbst sagen solltest: „Alles, was diesem Ablenkungsimplantat erlaubt, in meinem Universum zu existieren, POCe und PODe ich."[2]

So kommst du wieder dahin, dass du handeln kannst. Unter den Ablenkungsimplantaten sind all die Dinge, die dir Macht, Potenz und die Handlungsfreiheit geben, die dir nicht unbedingt das Sagen geben, aber immerhin bist du niemandem mehr ausgeliefert. Das ist, wo du Wahl hast. Das ist es, wo du hinkommen musst, wo du deine Fähigkeit zur Wahl erkennst. Hier ist ein Prozess, der mir in den Kopf kam, als ich eure Fragen gelesen habe:

Welche physische Verwirklichung der unveränderlichen und unwandelbaren Krankheit der Potenz und Macht erkennst du nicht als die Quelle für die Kreation dessen an, was unter all den Ablenkungsimplantaten versteckt ist? Alles, was das ist, mal Gottzillionen, können wir das alles bitte zerstören und unkreieren? Right and Wrong, Good and Bad, POD and POC, All 9, Shorts, Boys and Beyonds.

---

[2] „Es PODen und POCen" ist die Kurzform für das gesamte Clearing Statement.

HANDLUNG UND REAKTION

Call-Teilnehmer: Ich habe Implantate als Reaktion auf meinen Mann. Jedes Mal, wenn er mich kritisiert, werde ich wütend. Ich werde wütend und fühle mich unsicher. Und mir scheint, dass ich jedes Mal, wenn ich wütend werde, eine Schwermetallvergiftung kriege.

Gary: Zunächst einmal, wenn dein Mann dir sagt, du seist ein jämmerliches Häufchen Scheiße, ist das eine Wahrheit oder eine Lüge.

Call-Teilnehmer: Es ist eine Lüge, aber ...

Gary: Wenn dir jemand etwas über dich sagt, das nicht wahr ist, wirst du dazu neigen, wütend zu werden. Doch anstatt mit Wut zu reagieren, stelle einige Fragen:

- Was hat er damit gemeint?

- Welcher Teil davon ist liebevoll und fürsorglich?

- Welcher Teil davon dient nur dazu, gemein zu mir zu sein?

Das ist, wo man nicht zur Wut als Reaktion übergeht. Wenn man eine Frage stellt, geht man in die Potenz und Macht. Die ultimative Potenz und Macht ist: Frage, Wahl, Beitrag und Möglichkeit.

Dain: Wenn du tust, was Gary vorschlägt, wirst du im Agieren bzw. in der Handlung sein, nicht in der Reaktion. Das wird auch dann so sein, wenn das, was dein Mann zu dir sagt, dazu ausgelegt ist, dich zu einer Reaktion zu bewegen. Du *reagierst* dann nicht, sondern *agierst*.

Wenn du mit jemandem die Dynamik hast, die du beschreibst, tut derjenige Dinge, um deine Knöpfe zu drücken. Er versucht dich zu einer Reaktion zu bewegen und du reagierst – und die Situation spielt sich jahrelang unverändert ab.

Gary: Und das beweist, dass er recht hat.

Dain: Wenn du das veränderst, wenn du aus der Reaktion herauskommst und zum Handeln übergehst, kann der andere dies nicht mehr verwenden, um zu beweisen, dass er recht hat. Er wird vielleicht noch mehr unternehmen, um dich zu einer Reaktion zu bewegen, wenn du jedoch aufhörst zu reagieren, bist du der Situation nicht mehr ausgeliefert.

Call-Teilnehmer: Manchmal ist es in dem Moment sehr schwierig, da bei mir viele Schwermetallreaktionen ablaufen. Meine Reaktion wird durch die Toxizität hervorgerufen.

Gary: Die Toxizität ist ein Ergebnis der Ablenkungsimplantate, weil die Ablenkungsimplantate dazu ausgelegt sind, deinem Körper zu schaden und ihn reaktiv zu machen. Der Körper wird jedes Mal, wenn du in die Programmierung des Ablenkungsimplantats gehst, noch reaktiver auf die Schwermetallprogrammierung. Deswegen solltest du jedes Mal, wenn du in die Wut gehst, laufen lassen:

> All die Wut, all die Ablenkungsimplantate, die dies kreieren, zerstören und unkreieren. Right and Wrong, Good and Bad, POD and POC, All 9, Shorts, Boys and Beyonds.

Denke es nur. Du musst es nicht laut aussprechen. Beobachte, wie du nach zwei oder drei Mal plötzlich nicht mehr dieselbe Reaktion hast und die Schwermetalle nicht mehr dieselbe Wirkung auf dich haben.

Call-Teilnehmer: Ist Wut einfach nur Wut – oder hat sie immer mit einer bestimmten Sache zu tun? Ich habe Wut auf Geld, Familie, Krankheit und andere Sachen. Wenn wir das Ablenkungsimplantat Wut zerstören und unkreieren, zerstören und unkreieren wir dann alle Implantate? Oder müssen wir bei jedem Thema, das mit Wut zusammenhängt, ein Clearing machen?

Gary: Du klärst nur die Ablenkungsimplantate, wann immer sie auftreten. Bald werden sie kein Problem mehr sein. Der einzige Grund, warum sie ein Problem sind, ist, weil jemand es dir als dein Problem ausgegeben hat.

Dain: Achte auf das, was Gary gerade gesagt hat. Du musst das Clearing jedes Mal laufen lassen, wenn die Wut hochkommt. Viele Leute denken: „Ich habe Wut einmal gePOCt und gePODet, also ist sie wahrscheinlich komplett weg." Nein, du musst das Clearing jedes Mal machen, wenn die Wut hochkommt, weil es Schichten und Trigger und alle möglichen Dinge gibt, die sie in deiner Welt aktivieren. Jedes Mal, wenn du ein Ablenkungsimplantat POCst und PODest, erwischst du einen Teil von dem, was sie aktiviert.

Du musst dranbleiben; deswegen legen wir diese Calls auch so, mit Zeit dazwischen, damit ihr all die Ablenkungsimplantate von Wut, Zorn, Rage und Hass POCen und PODen könnt, wenn sie in eurem Leben auftauchen. Ihr seid klug genug, genial genug und verrückt genug, bei diesem Call dabei zu sein, und ihr werdet viel mehr von all diesen Dingen in der Welt wahrnehmen und viel leichter damit umgehen können, weil ihr diese Werkzeuge bekommt.

So funktioniert es. Ihr öffnet euch gegenüber einem anderen Gewahrsein für eine Sache, ihr bekommt dieses Gewahrsein auf eine Art, die ihr zuvor nie habt wissen wollen, oder auf eine viel dynamischere Weise, als ihr je für möglich gehalten habt, aber ihr bekommt auch die Werkzeuge, um damit umzugehen.

Call-Teilnehmer: Wenn ich manchmal Filme über Rassismus anschaue oder etwas wahrnehme, das wirklich ungerecht ist, macht mich das sehr traurig und wütend.

HASS

Gary: Ja, denn es braucht Hass, um ein Vorurteil zu haben. Damit ein Vorurteil existieren kann, muss man Hass praktizieren. Die meisten Menschen verstehen nicht, dass Vorurteile immer Hass sind. Es ist nie etwas Geringeres. Die Menschen kreieren Hass, um Trennung zu schaffen. Sie tun das, um die Gemeinheit, die Wut, den Zorn und die Rage zu rechtfertigen, die sie ausüben werden, oder vielleicht ausüben werden oder ausüben könnten, wenn es notwendig wäre. Vorurteile sind nur ein Teil des Systems von Wut, Zorn, Rage und Hass, was einige der Hauptelemente sind, aus denen heraus die Menschen auf diesem Planeten funktionieren.

Wenn es keinen Hass gäbe, würde es dann die Möglichkeit von Vorurteilen und Kriegen und all diesen Dingen geben? Nein, denn Menschen hassen es, wenn andere Menschen mehr Geld haben als sie, sie hassen es, wenn jemand etwas hat, das sie nicht haben. Sie hassen es, wenn jemand etwas bekommt, von dem sie meinen, sie sollten alleinigen Zugang dazu haben. Dies sind Arten, auf die Menschen Schwierigkeiten schaffen, die sie nicht überwinden zu wollen scheinen. Und der Grund, warum sie sie nicht überwinden können, ist, dass es ein Ablenkungsimplantat ist und keine Realität.

Dain: Wenn du etwas wahrnimmst, das ungerecht, unnötig oder unangemessen ist, und du nimmst Traurigkeit wahr oder die Wut, die nach der Traurigkeit hochkommt, frage:

- Ist dies wirklich Wut? Oder ist dies die Potenz, die erforderlich ist, um dies in meinem Leben oder auf der Welt zu verändern?

- Welche anderen Möglichkeiten stehen nun zur Verfügung, wenn ich bereit bin, die Energie der Potenz zu sein?

Call-Teilnehmer: Ist Frustration Teil der Wut? Ist sie eine geringere Form der Wut?

Gary: Der einzige Grund, aus dem du frustriert wirst, ist, weil es dir an Informationen mangelt. Wenn du frustriert wirst, musst du fragen: „Welche Informationen fehlen mir hier, die dies hier klären würden?"

Ich sprach mit einer Frau, die meinte, sie sei frustriert. Als ich ihr sagte, Frustration trete auf, wenn einem Informationen fehlen, bekam sie plötzlich die fehlende Information. Sie sah, dass die Leute, wegen derer sie frustriert gewesen war, sie als verrückt ansehen wollten, weil sie so richtig dastehen würden. Dies war eine wirklich wertvolle Information für sie. Welche Freiheit hast du, wenn du erkennst, dass Leute eine feste Ansicht über dich haben?

Call-Teilnehmer: Ich scheine viel Frustration zu haben.

Gary: Frage: „Welche zusätzlichen Informationen brauche ich hier, die diese Frustration verschwinden lassen?"

Call-Teilnehmer: Letzte Woche hat mich jemand angelogen, und ich wusste, dass er lügt. Ich fragte nicht, ob da eine Lüge ist, doch eine Energiewelle der Potenz durchströmte mich. Ich ergriff einen Gegenstand aus rostfreiem Stahl und verbog ihn, als sei er aus Intelligenter Knete. Was ging da vor sich?

Gary: Wenn du erkennst, dass dich jemand zu einer Reaktion verleiten möchte, und nicht reagierst, gehst du in die Macht und Potenz, die dir zur Verfügung stehen, und hast die Fähigkeit, alle möglichen Sachen zu tun, von denen du nicht wusstest, dass du sie tun kannst.

Dain: Wie die Großmutter, die das Auto anhebt, unter dem ihr Enkel eingeschlossen ist.

Gary: Mit einer Hand.

Dain: Wenn du über alle Ablenkungsfaktoren und Ablenkungen davon, was für dich wahr ist, hinausgingest, hättest du mehr solcher Fähigkeiten? Wahrscheinlich. Du hättest wahrscheinlich mehr von deinen Fähigkeiten, die durch die Ablenkungsimplantate versteckt und sublimiert worden sind.

Gary: Wenn du verstehst, dass die meisten Menschen auf der Welt aus Ablenkungsimplantaten heraus funktionieren und in Reaktion auf alles leben, und wenn du aufhörst, in der Reaktion zu leben, bist du in der Lage, Dinge zu tun, die nie zuvor getan worden sind. Dies ist unser Ziel – euch dahin zu bringen, dass ihr tun könnt, was nie zuvor getan werden konnte.

Call-Teilnehmer: Und es brauchte keine Kraft, um den Stahl zu verbiegen.

Gary: Das ist die Macht und Potenz, die wir haben, von der uns diese Implantate abhalten sollen. Sie sind speziell dazu ausgelegt, uns davon abzuhalten, diese Art von Potenz und Macht zu haben.

Call-Teilnehmer: Meine Emotionen haben sich immer außer Kontrolle angefühlt, besonders Wut und Aggression. Sie haben mein Leben dominiert. Ich bin so ungeduldig und ein Hitzkopf, was verheerende Schäden in meinem Nervensystem anrichtet. Wie viel davon ist Teil meiner Persönlichkeit und wie viel ist implantiert? Wie kann ich das alles in den Griff bekommen?

Gary: Es ist alles implantiert. All das kann überwunden werden, weil das Maß an Macht und Potenz, das unter den Ablenkungsimplantaten versteckt ist, das ist, wo wir hinkommen und wessen wir uns gewahr sein müssen.

Call-Teilnehmer: Ich habe eine Frage zur Ungeduld. Ist das eine Unterkategorie von Wut? Bei mir führt Ungeduld häufig zu Wut. Das ist nicht dasselbe wie Frustration. Sie tritt auf, wenn ich versuche, etwas zu erklären, oder wenn ich darauf warte, dass jemand etwas tut.

Gary: Das erste Problem ist, dass du ein Humanoider bist.[3] Das zweite Problem ist, dass du wahrscheinlich leicht autistisch bist, was bedeutet, dass du eine Frage stellst und die andere Person sie bereits beantwortet hat, bevor sie spricht, und du bist bereit fortzufahren. Der andere ist dir zu langsam. Du beginnst, wütend zu werden, weil du deine Antwort bereits bekommen hast. Du hast dem anderen bereits in deinem Kopf geantwortet und kannst nicht glauben, dass er immer noch weiter eine Unterhaltung führt, die bereits abgeschlossen ist.

Call-Teilnehmer: Ja.

Gary: Du musst fragen: „Nehme ich die ganze Unterhaltung in meinem Kopf wahr? Ja? Nein? Ja! Okay, halb so wild." Dann wirst du nicht dieses Gefühl von Ungeduld bekommen. Du wirst erkennen, dass du allen anderen auf der Welt drei Schritte voraus bist. Es ist nichts Richtiges, und es ist nichts Falsches. Es ist einfach etwas, wodurch du dich unterscheidest. Vielleicht könntest du fragen: „Bin ich dieser Person dreizehn Schritte voraus?"

Wenn du ein „Ja" erhältst, kannst du sagen: „Okay, ich werde mich

---

[3] Es gibt zwei Spezies von Zweibeinern auf diesem Planeten. Wir nennen sie Menschen und Humanoide. Menschen folgen gerne dem Standardmuster. Sie passen gerne hinein. Sie mögen keine Veränderung. Sie stellen keine Fragen. Sie sind auf alle um sie herum eingeschossen. Humanoide haben einen anderen Ansatz. Sie fragen immer: „Wie können wir das verändern? Was wird dies besser machen? Wie können wir das übertreffen?" Sie sind diejenigen, die all die großartigen Kunstwerke, die große Literatur und den großen Fortschritt auf dem Planeten schaffen.

bremsen. Ich höre auf, in Raumgeschwindigkeit unterwegs zu sein, und bewege mich im Schneckentempo, und alles ist gut."

Call-Teilnehmer: Ist das ein Ablenkungsimplantat?

Gary: Nein, das ist ein Gewahrsein über deine Funktionsweise, das du haben musst. Du merkst, dass deine Art zu funktionieren sich von der anderer Leute unterscheidet. Du musst dir dessen bewusst sein.

Wenn du irgendwo ungeduldig wirst, besteht eine Wahrscheinlichkeit von neunundneunzig Prozent – bei euch allen –, dass der Grund für eure Ungeduld darin liegt, dass ihr die Unterhaltung bereits abgeschlossen habt und der andere noch darüber redet. Nach dem Motto: „Ich bin hier wohl ein bisschen zu gewahr."

Call-Teilnehmer: Also muss ich nur langsamer werden und alle anderen aufholen lassen?

Gary: Nun, sie werden dich nicht einholen. Du lässt sie nur in ihrem Tempo funktionieren. Erkenne es einfach an; das wird dein Leben sehr viel leichter machen.

Call-Teilnehmer: Könntest du über passiv-aggressives Verhalten sprechen? Ist das ein Ablenkungsimplantat?

Gary: Passiv-aggressives Verhalten ist nur gedämpfte Wut, Zorn, Rage und Hass. Das ist alles, was es ist. Manche Menschen machen diese Dinge gerne auf sehr unterdrückte Art und Weise. Das ist Wut, Zorn, Rage und Hass, plus Angst. Nichts anderes.

Call-Teilnehmer: Wie unterstützen Ablenkungsimplantate die Aufrechterhaltung von Identitäten bei Menschen? Und wie können wir das verändern?

Gary: Die meisten Menschen denken, Reaktion sei Aktion. Meine Ex-Frau zum Beispiel ist jemand, der ständig wütend wird. Sie hält ihre Wut für die ultimative Macht, also ist Wut das Einzige, was sie nicht loslassen wird. Für sie ist das Festhalten an der Wut wichtiger, als ein Leben zu haben. Sie wird ihren Körper mit dieser Wut töten. Ich habe sie kürzlich beobachtet, als sie von mir fortging. Sie sieht zehn Jahre älter aus als ich, wobei sie eigentlich fünf Jahre jünger ist.

Ihr tötet euren Körper mit der Wut, an der festzuhalten ihr für so wichtig haltet. Die Menschen kreieren sich selbst, ihre Persönlichkeit und ihr Leben aus Ablenkungsimplantaten heraus, weshalb wir diese Unterhaltung hier führen. Das ist der Grund, warum wir diesen Call machen. Diese Dinge sind wichtig. Ich bin immer erstaunt, wenn die Leute nicht darauf achten.

Call-Teilnehmer: Gary, ich bin traurig wegen deiner Ex-Frau und dass sie in Wut wegging. Ich hatte eine starke Reaktion und es hat mich traurig gemacht. Was ist da los?

Gary: Bist du traurig wegen ihr, wegen mir oder weil sich jemand auf diese Art umbringt?

Call-Teilnehmer: Es fühlt sich einfach beschissen an.

Gary: „Es ist traurig" ist eine Sache. „Es ist beschissen" ist eine Bewertung. Was, wenn es einfach ist, was es ist? Uns steht so viel mehr zur Verfügung und die Leute wählen nicht, was großartiger ist. Stattdessen wählen sie, was weniger ist, als sei dies die richtige Wahl. Du musst bereit sein zu sehen, was ist, und verstehen, dass dies die Wahl ist, die manche Menschen in ihrem Leben treffen.

Meine Ex-Frau liebt ihre Fähigkeiten zur Reaktion. So identifiziert sie sich selbst: „Ich bin eine Reaktion." So beweist sie, wer sie ist. Das wäre nicht meine Art.

Call-Teilnehmer: Ich habe seit der Kindheit eine unerklärte Wut gegenüber meinen Eltern und habe gegen alles rebelliert, was sie sagten oder taten. Es fällt mir schwer, auch nur fünf Minuten eine normale Unterhaltung mit einem der beiden zu führen, ohne wütend zu werden oder zu explodieren. Ich habe keine Ahnung, was das ist oder wie ich darüber hinwegkommen kann, da ich keinen Grund finden kann, warum ich so wütend werde. Nachdem ich in die Luft gegangen bin, fange ich an, mich schlecht zu fühlen, dass ich mich so verhalten habe, und es wandelt sich in Schuld. Kann es Wut ohne einen Grund geben?

21

Gary: Es ist wahrscheinlich, dass du dies erfährst, weil du nicht auf vergangene Leben schaust. Wie viele vergangene Leben hast du mit deinen Eltern gehabt, wo sie dir gegenüber liebevoll waren? Das erweist sich tatsächlich als Lüge und du hältst immer noch daran fest. Bist du zurückgekommen, um mit ihnen abzurechnen? Wie viele Lebenszeiten hast du mit diesen Leuten gehabt? Bist du zurückgekommen, um dich zu rächen?

Dain: Dies ist eine Ansicht, aber manchmal kommt man zurück, um sich für etwas zu rächen, für das man sich in einem anderen Leben nicht rächen konnte.

Gary: Wie viele vergangene Leben hast du mit ihnen?

Call-Teilnehmer: Fünf kommt hoch.

Gary:

> Alles, was du aus diesen Lebenszeiten beschlossen hast, das dich in diesem Leben weiterhin reagieren lässt, zerstörst und unkreierst du das alles? Right and Wrong, Good and Bad, POD und POC, All 9, Shorts, Boys and Beyonds.

Call-Teilnehmer: Wenn man bereit ist, die Wut zu überwinden und sie bewusst und regelmäßig POCt und PODet, würde es die Wut verringern, wenn man sich die Bars[4] geben lässt und sich auf das Band der Implantate konzentriert?

Gary: Es geht nicht darum, dass du die Wut überwinden sollst. Es geht darum, dass du siehst, was die Wut bewirkt. Sie überdeckt deine Macht und deine Potenz. Also versuche nicht, sie zu überwinden; du solltest alles POCen und PODen, was ihr erlaubt, dich vor dir zu verstecken.

Call-Teilnehmer: Ja, aber sie ist ein Implantat, richtig?

Gary: Ja, sie ist ein Implantat. Ihr müsst alles, was ihr erlaubt zu existie-

---

[4] Die Bars sind ein manueller Prozess von Access Consciousness, bei dem der Kopf leicht an Kontaktpunkten berührt wird, die bestimmten Bereichen im Leben entsprechen.

ren, POCen und PODen, und schon bald werdet ihr nicht mehr wütend.

Call-Teilnehmer: Nehmen wir an, ein Klient macht eine erbitterte Scheidung oder eine Situation durch, in der er jemandem Vorwürfe macht. Würde es helfen, wenn man sich auf das Band der Implantate konzentriert, während man die Bars laufen lässt?

Gary: Das wäre hilfreich, wenn du aber fragst: „Wie viele Ablenkungsimplantate hast du, die dies an Ort und Stelle halten?", könnte es schneller gehen.

Dain: Mit den Bars sprichst du die Energie an, die Sache, die es direkt stoppt, wohingegen das Band der Implantate viele der schon lange vorhandenen Überlegungen abdeckt.

Gary: Du wirst mehr erzielen können, wenn du fragst: „Wie viele Ablenkungsimplantate hast du, die dies an Ort und Stelle halten?"

Derjenige wird antworten: „Was meinst du?"

Du sagst dann: „Das sind Wut, Zorn, Rage und Hass; Vorwurf, Scham, Reue und Schuld. Dies sind Ablenkungsimplantate. Wie viele Ablenkungsimplantate hast du, die all dies an Ort und Stelle halten, sodass du in einem ständigen Zustand der Reaktion bist, anstatt in der Lage zu sein, weiterzugehen und zu handeln?"

Du kannst du Leute nicht dazu drängen. Die Leute versuchen oft, andere zu etwas zu drängen. Das funktioniert nicht. Gestern rief mich eine Access-Facilitatorin an. Sie hatte einen Klienten, der ein Portal hatte, und Entitäten reisten ständig durch ihn hindurch. Jedes Mal, wenn sie das Wort „Portal" verwendete, drehte er durch.

Ich sagte: „Sprich nicht darüber. Warum solltest du Portale erwähnen? Kläre einfach die Entitäten und mach weiter." Dann fragte ich: „Wie viel zahlt er dir dafür?"

Sie sagte: „Nichts."

Ich sagte: „Deswegen erzielst du keine Ergebnisse. Du berechnest ihm nichts, also möchte er daran festhalten, damit er so lange wie möglich kostenlos zu dir kommen kann. Du bist echt süß. Vielleicht kommt er deswegen zu dir. Er will flachgelegt werden." Ihr müsst euch die Wahrheit von Dingen anschauen und nicht, wie ihr sie gerne hättet.

Call-Teilnehmer: Bitte gib mir einige Werkzeuge. Ich merke, dass ich wütend werde, wenn meine Kinder anfangen, sich zu beklagen und zu quengeln.

Gary: Kläre alle Ablenkungsimplantate, die die Klagen und Aufregung bei dieser Person verursachen.

Wenn jemand wütend auf dich ist und mit dir spricht, sag dir selbst: „All die Ablenkungsimplantate, die das kreieren, POC und POD." Plötzlich wird der andere sagen: „Ach, lass gut sein", und weggehen. Das kannst du auch tun, wenn du mit jemandem telefonierst.

Call-Teilnehmer: Ich bin mir gewahr, dass mein vierundzwanzigjähriger Sohn Wut zurückhält. Ich höre, wie er in seinem Zimmer mit anderen online Videospiele spielt. Er flucht oft und belegt andere mit Schimpfwörtern. Er war schon immer jemand, der an Sachen festgehalten hat. Gibt es irgendetwas, was ich tun kann, damit er mehr Leichtigkeit hat?

Gary: Ja, scheide dich von ihm. Du musst alles, was die Beziehung gestern war, zerstören und unkreieren, jeden Tag. Was dann geschieht, ist, dass er anfängt, sich zu verändern. Im Moment versuchst du, ihm zu helfen, und wenn du „Hilfe" leistest, bist du überheblich. Er hat nicht um Hilfe gebeten. Du meinst, er bräuchte Hilfe, aber das tut er nicht. Er ist zufrieden mit dem, wie es ist.

Call-Teilnehmer: Werden wir mit Ablenkungsimplantaten geboren oder schnappen wir sie auf?

Gary: Wir werden damit geboren und schleppen bestimmte von unserer Familie mit. Macht das Spaß? Nein.

Call-Teilnehmer: Gibt es irgendwelche Hilfe bei Aggression und Wut aus einem schweren Kindheitstrauma, das jahrzehntelang unterdrückt und vergessen gewesen war und wo jetzt die Erinnerung daran wieder an die Oberfläche kommt?

Gary: Die Erinnerungen kommen jetzt wieder an die Oberfläche, weil du beginnst, die Ablenkungsimplantate und das, was dich zurückgehalten hat, zu erkennen. Das ist ein gutes Zeichen. Mache einfach weiter. Lass weiter Clearings zu all den Ablenkungsimplantaten laufen und am Ende werden das Gewahrsein und die Erinnerungen wiederkommen. Wenn sie das tun, wirst du mehr Freiheit haben.

Was dich interessieren sollte, ist mehr Gewahrsein und mehr Freiheit; das ist das Ziel. Wir sprechen davon, Fragen zu stellen. Der Zweck einer Frage besteht darin, dir ein Gewahrsein zu geben – nicht, dir Antworten zu geben. Ihr sucht immer noch nach Antworten anstatt nach Gewahrsein. Also bitte fangt an, nach dem Gewahrsein zu schauen, das ihr dadurch erlangt, dass ihr eine Frage stellt, und nicht nach den Antworten, die ihr meint zu suchen.

Wut, Zorn, Rage und Hass

Call-Teilnehmer: Was ist der Unterschied zwischen Wut, Zorn, Rage und Hass?

Gary: *Wut* ist das Ding, das andere Menschen verwenden, um euch zu kontrollieren. Es ist das, was ihr verwendet und was ihr unterdrückt, bis ihr explodiert. Das zerstört euren Körper. *Zorn* ist, was herauskommt, wenn ihr eurer Wut Hass hinzufügt. Dann geratet ihr in Zorn darüber. *Rage* ist, wenn ihr nichts zurückhaltet. Ihr lasst los und seid bereit, jemanden zu Tode zu prügeln. *Hass* ist ein Ausmaß an Abscheu gegenüber euch selbst oder jemand anderem, das euch davon abhält, irgendwelche Klarheit zu haben.

Call-Teilnehmer: Kannst du über Dreifache Sequenzsysteme sprechen? Sind sie dasselbe wie Ablenkungsimplantate?

Gary: Dreifache Sequenzsysteme sind ein Möbiusstreifen, was bedeutet, dass man ein Ereignis, das vor langer Zeit geschah, immer wieder in seinem Kopf abspielt, als ob es erst heute geschehen wäre. Dreifache

Sequenzsysteme sind im Grunde die Quelle für Posttraumatische Belastungsstörung.

Sie sind nicht dasselbe wie Ablenkungsimplantate, doch sie sind insofern ein Teil der Ablenkungsimplantate, als sie immer auf einem Möbiusstreifen sind, sodass man sie nie loswird. Um sie zu klären, frage nach all den Möbiusstreifen, die die Wut, Zorn, Rage und Hass an Ort und Stelle halten. POCe und PODe jeden Möbiusstreifen und alles, wogegen du in Widerstand und Reaktion gewesen und dem du zugestimmt und wonach du dich ausgerichtet hast, was ihnen erlaubt zu existieren.

Dain:

Welche physische Verwirklichung der unveränderlichen und unwandelbaren Krankheit der Potenz und Macht erkennst du nicht als die Quelle für die Kreation dessen an, was unter all den Ablenkungsimplantaten versteckt ist? Alles, was das ist, mal Gottzillionen, zerstörst und unkreierst du das bitte? Right and Wrong, Good and Bad, POD and POC, All 9, Shorts, Boys and Beyonds.

Gary: Die gute Nachricht ist, dass diese Unterhaltungen diesen Prozess intensiver gemacht haben.

Welche physische Verwirklichung der unveränderlichen und unwandelbaren Krankheit der Potenz und Macht erkennst du nicht als die Quelle für die Kreation dessen an, was unter all den Ablenkungsimplantaten versteckt ist? Alles, was das ist, mal Gottzillionen, zerstörst und unkreierst du das bitte? Right and Wrong, Good and Bad, POD and POC, All 9, Shorts, Boys and Beyonds.

Dain: Übrigens, wenn einige von euch bemerkt haben, dass ihr abgelenkt seid, könnte dies das Thema sein, das wir besprechen? Das wollte ich nur erwähnt haben.

Gary: (lacht) Das war gut, Dain!

Dain:

Welche physische Verwirklichung der unveränderlichen und unwandelbaren Krankheit der Potenz und Macht erkennst du nicht als die Quelle für die Kreation dessen an, was unter all den Ablenkungsimplantaten versteckt ist? Alles, was das ist, mal Gottzillionen, zerstörst und unkreierst du das bitte? Right and Wrong, Good and Bad, POD and POC, All 9, Shorts, Boys and Beyonds.

Call-Teilnehmer: Am Ende des Clearings hast du „für die Kreation dessen, was unter all den Ablenkungsimplantaten versteckt ist" gesagt, aber vorher hattest du gesagt, unter den Ablenkungsimplantaten seien die Macht und Potenz, die ich zu sein wünsche. Kannst du mir damit helfen?

Dain: Ja, im Grunde bist *du* das, was unter den Ablenkungsimplantaten ist, aber du hast Macht und Potenz zu einer Krankheit gemacht, anstatt zu etwas, was du mit Leichtigkeit haben könntest.

Gary: Es ist, als ob du eine Krankheit in Bezug auf Potenz und Macht kreierst, anstatt Leichtigkeit mit totaler Potenz und Macht zu haben. Du verwendest Ablenkungsimplantate, um zu reagieren, anstatt die Handlung zu sein, die verändern könnte.

Call-Teilnehmer: Was ist der Unterschied, die Ablenkungsimplantate zu POCen und PODen oder die Möbiusstreifen?

Gary: Ein Möbiusstreifen ist auch ein Implantat und wenn du die Implantate löschst, beginnst du das aufzuschließen, was den Möbiusstreifen erlaubt zu existieren und ständig in deinem Kopf abzulaufen, als sei es real.

Du erwischst mehr, wenn du das Ablenkungsimplantat POCst und PODest. Stelle dir vor, einen Haufen Dreck mit einem kleinen Handbesen oder einer Zahnbürste wegzuputzen. Nun stelle dir einen Besen vor, den du rausholst und mit dem du den ganzen Dreck wegmachst. Mit den Implantaten nimmst du den großen Besen; wenn du die Partikel im Möbiusstreifen angehst, machst du die Version mit der Zahnbürste.

Welche physische Verwirklichung der unveränderlichen und unwandelbaren Krankheit der Potenz und Macht erkennst du nicht als die Quelle für die Kreation dessen an, was unter all den Ablenkungsimplantaten versteckt ist? Alles, was das ist, mal Gottzillionen, zerstörst und unkreierst du das bitte? Right and Wrong, Good and Bad, POD and POC, All 9, Shorts, Boys and Beyonds.

LÜGEN

Call-Teilnehmer: Ich habe eine Frage zu Wut. Während unserer Unterhaltung ist mir klar geworden, dass ich, wann immer Wut hochkam, sie entweder umgangen oder unterdrückt habe, damit es in meinem Leben keine Handlungen aus Wut geben würde. Ich saß dann da und kochte innerlich oder ging weg. Als du sagtest, es sei eine Lüge involviert, wenn wir wütend werden, schaute ich zurück und erkannte: „Oh mein Gott! Das ist es, was in 99 Prozent der Fälle geschieht. Ich war nicht wütend wegen dem, was vor sich ging; ich kochte nur innerlich und wollte gehen.

Gary: Wenn du erkennst, dass eine Lüge Wut hervorruft und fragst: „Gibt es hier eine Lüge?", bist du in er Lage zu handeln, anstatt wegzugehen oder es wegzustecken. Weggehen und es wegstecken sind keine Aktionen, es sind Reaktionen.

Call-Teilnehmer: Also gibt es in dieser Umgebung einfach eine Lüge.

Gary: Nun, vielleicht gibt es mehr als eine Lüge. Wenn du fragst: „Gibt es hier eine Lüge?", wirst du die Lüge nicht abkaufen und keine Reaktion aufgrund der Lüge kreieren. Stattdessen fragst du: „Was ist hier wirklich erwünscht oder erforderlich?"

Call-Teilnehmer: Wenn ich mir also gewahr bin, dass es eine Lüge gibt, könnte ich mir einer Lüge bewusst sein, die auf mich projiziert wird – oder könnte ich mir einer Lüge in meiner eigenen Realität gewahr sein?

Gary: Ja, all das und noch mehr. Sobald du anerkennst, dass es da eine Lüge gibt, hast du eine Wahl. Geh wieder zur Wahl zurück, sobald du die Lüge anerkennst. Wenn du eine Lüge nicht anerkennst, kannst du nicht zur Wahl zurückkehren.

Call-Teilnehmer: ... anerkennen: „Dies ist eine Lüge", und dann wieder die vier Fragen stellen?

Gary: Ja, frage:

- Was ist das?

- Was mache ich damit?

- Kann ich es verändern?

- Wenn ja, wie kann ich es verändern?

Call-Teilnehmer: Ich hatte viel unerklärliche Wut und zerstörerischen Zorn in meinem Leben und habe damit Missbrauch betrieben. Es hat nie Sinn für mich ergeben. Vor Kurzem habe ich meine feinen Antennen dafür entdeckt, wenn eine Lüge da ist. Wie viel der missbräuchlichen Wut gegen mich besteht im Nichtgewahrsein dessen, wessen ich mir gewahr war?

Gary: Die Hauptsache, die du dir anschauen musst, ist: „Wie viel dieser missbräuchlichen Wut ist mein Gewahrsein einer Lüge?" Stelle diese Frage und POCe und PODe dann alles, was du abgekauft und zu einem Ablenkungsimplantat gemacht hast, denn wenn du eine Lüge findest und sie nicht anerkennst, neigst du dazu, sie in das Universum der Ablenkungsimplantate zu stecken.

Call-Teilnehmer: Konnte ich deswegen mir selbst gegenüber Missbrauch betreiben, obwohl es vielleicht nicht anerkannte Macht und Potenz gewesen ist?

Gary: Ja, du fängst mit dem Gewahrsein an und gehst dann direkt in die Reaktion, weil es das ist, was alle anderen machen. Du denkst, um wie andere zu sein, musst du tun, was sie tun.

Call-Teilnehmer: Ja, und die Wut und die Aggression, die ich dann hatte, waren meiner Ansicht nach so hässlich und voller Missbrauch, dass ich sie zu Scham über mich selbst umwandelte, und dann kam wieder mehr Wut, und dann ... heilige Scheiße!

Gary: Du bist ein großartiges Ablenkungsimplantat, das nur auf seinen Einsatz wartet. Wie steht es mit dem Rest von euch?

Habt ihr versucht, euch selbst als Ablenkungsimplantat zu personifizieren, wie alle anderen es sind, tun und generieren? Ist das nicht toll? Alles, was das ist, mal Gottzillionen, zerstört und unkreiert ihr das bitte? Right and Wrong, Good and Bad, POD and POC, All 9, Shorts, Boys and Beyonds.

Dain:

Welche physische Verwirklichung der unveränderlichen und unwandelbaren Krankheit der Potenz und Macht erkennst du nicht als die Quelle für die Kreation dessen an, was unter all den Ablenkungsimplantaten versteckt ist? Alles, was das ist, mal Gottzillionen, zerstörst und unkreierst du das bitte? Right and Wrong, Good and Bad, POD and POC, All 9, Shorts, Boys and Beyonds.

Gary: Gib's ihnen nochmal, Dain.

Dain:

Welche physische Verwirklichung der unveränderlichen und unwandelbaren Krankheit der Potenz und Macht erkennst du nicht als die Quelle für die Kreation dessen an, was unter all den Ablenkungsimplantaten versteckt ist? Alles, was das ist, mal Gottzillionen, zerstörst und unkreierst du das bitte? Right and Wrong, Good and Bad, POD and POC, All 9, Shorts, Boys and Beyonds.

Gary: Das wird immer schwerer. Ihr solltet das lieber in eine Dauerschleife (= Loop) setzen und euch nonstop anhören, denn wisst ihr was? Das ist das Einzige, was euch unter dem Mist rausholen wird, von dem ihr beschlossen habt, er sei eurer.

Dain:

Welche physische Verwirklichung der unveränderlichen und unwandelbaren Krankheit der Potenz und Macht erkennst du nicht als die Quelle für die Kreation dessen an, was unter all den Ablenkungsimplantaten versteckt ist? Alles, was das ist, mal Gottzillionen, zerstörst und unkreierst du das bitte? Right and Wrong, Good and Bad, POD and POC, All 9, Shorts, Boys and Beyonds.

Call-Teilnehmer: Wenn wir diese Loops laufen lassen, erlaubt uns das, von Natur aus die Energie zu sein, die wir sein müssen, wenn wir mit Leuten kommunizieren, weil wir ein gewisses Maß an Potenz in unseren Interaktionen erbringen müssen?

Gary: Ja, und je mehr ihr euch der Ablenkungsimplantate gewahr werdet, umso mehr werdet ihr merken, dass ihr, wenn ihr möchtet, dass eine Person auf eine bestimmte Art reagiert, nur diesen Knopf drücken müsst – und ihr könnt den Knopf drücken.

Macht das nicht mit den Leuten bei Access, denn ihr möchtet ja keine Reaktion von ihnen sondern eine Handlung. Wenn ihr aber mit Leuten in normalen Jobs zu tun habt, wenn ihr also zum Beispiel zur Autovermietung geht, gibt es Leute, bei denen ihr Vorwurf, Scham, Reue und Schuld einsetzen könnt, und sie werden euch ein besseres Auto zu einem geringeren Preis geben. Alles, was ihr dazu braucht, ist das Gewahrsein darüber, wie ihr die Energie dieses Ablenkungsimplantats kreiert, und ganz plötzlich wird derjenige tun, was ihr möchtet, auf die Art, die ihr möchtet. Das ist nicht gemein und fies; das heißt nur, dass ihr in dieser Realität seid und andere Leute so funktionieren lasst, wie es für euch funktioniert. Tatsächlich werdet ihr das nicht mit sehr vielen Menschen machen.

Wenn ihr dahin kommt, dass ihr nicht aus Wut, Zorn, Rage und Hass funktioniert, weil dies das Hauptablenkungsimplantat ist, das derzeit euer Leben bestimmt, habt ihr den Raum, in dem ihr andere nach Bedarf manipulieren und kontrollieren könnt, um zu bekommen, was ihr braucht, basierend auf dem Wissen, was es braucht.

Call-Teilnehmer: Dass also andere Menschen mein Leben bestimmen – liegt das daran, dass ich nicht bereit bin, andere Menschen zu manipulieren?

Gary: Ja, und es ist auch eine mangelnde Bereitschaft, aktiv zu sein. Also bist du stattdessen in der Reaktion.

Dain: Den meisten von uns wird vermittelt, dass unsere Aufgabe darin besteht, zu reagieren. Angeblich ist es viel einfacher zu reagieren und wir sind nicht für unsere Wahlen, die wir treffen, verantwortlich, wenn wir in Reaktion sind, also können wir anderen Menschen vorwerfen, was geschieht.

Das funktioniert offensichtlich nicht für dich, denn wenn dies der Fall wäre, wärst du nicht bei diesem Call und du würdest dich in Wahrheit nicht von Access Consciousness angezogen fühlen, weil es bei Access darum geht, präsent und aktiv in deinem Leben zu sein, anstatt auf diese Realität und all ihre irrsinnigen Launen zu reagieren.

Welche physische Verwirklichung der unveränderlichen und unwandelbaren Krankheit der Potenz und Macht erkennst du nicht als die Quelle für die Kreation dessen an, was unter all den Ablenkungsimplantaten versteckt ist? Alles, was das ist, mal Gottzillionen, zerstörst und unkreierst du das bitte? Right and Wrong, Good and Bad, POD and POC, All 9, Shorts, Boys and Beyonds.

Call-Teilnehmer: Kannst du bitte mehr dazu sagen, wie man Wut generierend für sich einsetzt, um Begrenzungen einzuäschern, anstatt gegen sich?

Gary: Wenn du nicht basierend auf Wut reagierst und stattdessen aktiv in Bezug darauf bist, kannst du Wut generierend einsetzen, um Menschen dazu zu bringen zu handeln, anstatt zu reagieren, und dies schnell zu tun. Das war wie das eine Mal, als ich ein Kind auf der Straße vor ein Auto laufen sah und sagte: „Stopp!"

Das war Wut und es war auch eine Anweisung. Plötzlich blieb das Kind stehen; es wurde nicht angefahren. Das war generierende Wut. Und zwar nicht, weil ich wusste, dass dieses Maß an Wut das war, was erforderlich war, sondern weil ich seine Eltern Wut gegenüber dem Kind hatte anwenden sehen. Ich duplizierte die Wut, um das Kind dazu zu bringen, eine sofortige Reaktion auf alles zu haben, was ich sagte.

Also ist dies eine Art, generierende Wut zu verwenden, um etwas zu bewirken. Wenn man generierende Wut verwendet, ist das eigentlich das Vortäuschen von Wut. Es ist keine Wut und somit hat sie auch keine negativen Auswirkungen auf deinen Körper.

Call-Teilnehmer: Ich habe Wut bisher verwendet, um meine Begrenzungen zu verbrennen, indem ich Forderungen stellte wie „Das geschieht jetzt, verdammt nochmal!"

Gary: Das ist keine Wut. Du musst keine Wut anwenden, um das zu erreichen. Alles, was du tun musst, ist die Intensität anzuwenden, die dein wahres Ich ist.

Call-Teilnehmer: Wenn ich mich in einem Ablenkungsimplantat der Wut verstricke und kurz davor bin, mich selbst zu vergiften, gibt es da ein Clearing, das ich anwenden kann, um das zu klären?

Dain: Wenn du alle Ablenkungsimplantate POCst und PODest und alles, was darunter ist, zerstörst und unkreierst, wird das deine Physiologie und die Auswirkungen von Wut in deinem Leben verändern, weil die Auswirkungen in deinem Leben darauf basieren, dass dieses Implantat vorhanden ist.

Dies sind die drei Dinge, die du dir in Bezug auf Wut, Zorn, Rage und Hass betrachten solltest. Drei Dinge, die du ihnen gegenüber tun solltest, sind:

1. POCe und PODe alle Ablenkungsimplantate. Wenn da noch etwas anderes ist und du gerade eine Unterhaltung mit jemandem hattest oder es um eine Information geht, frage:

2. Was ist die Lüge hier, ausgesprochen oder unausgesprochen? Sobald du die Lüge erkennst, wird deine Aufmerksamkeit nicht mehr dort verweilen.

3. Wem gehört das? Du stellst diese Frage, weil du möglicherweise die Wut, Zorn, Rage und Hass da draußen in der Welt wahrnimmst.

Sobald du die Wut, Zorn, Rage und Hass in deinem Leben durchgespielt hast, solltest du merken, dass sich das meiste davon aufgelöst hat. Das meiste sollte einfach weg sein, einschließlich des Adrenalinschubs, der dadurch erzeugt wird.

Call-Teilnehmer: Ich konnte mich heute nicht selbst davon befreien.

Gary: Lass mich dir eine Frage stellen: Wie viel von dem, wo du sagst, „du kannst dich nicht davon befreien", ist, wo du etwas abkaufst, das nicht deines ist? Viel, wenig oder Megatonnen?

Call-Teilnehmer: Megatonnen.

Gary:

> Alles, was du abgekauft und dir selbst verkauft hast und für dich real gemacht hast, das es tatsächlich nicht ist, zerstörst und unkreierst du das bitte alles? Right and Wrong, Good and Bad, POD and POC, All 9, Shorts, Boys and Beyonds.

Das haut eine Menge weg, sodass ihr euch vielleicht wirklich davon befreien könnt. Bitte wisst, dass ihr alle immer weiter Zeug abkauft. Wenn ihr zum Beispiel Eltern oder Geschwister habt, die wütend sind, werdet ihr dazu neigen, die Richtigkeit ihrer Ansicht zu sehen. Wenn sie Wut, Zorn, Rage und Hass anwenden, versucht ihr, die Richtigkeit darin zu sehen. Ihr geht davon aus, dass sie das nicht tun würden, wenn sie wüssten, was sie tun. Ihr müsst anerkennen, dass es ein Ablenkungsimplantat ist und sie keine Ahnung haben, was sie tun.

Diesen Teil müsst ihr verstehen, denn der Großteil der Welt funktioniert ausgehend davon, dass sie keine Ahnung haben, was zum Teufel sie tun oder warum sie es tun, aber sie tun es weiter und meinen, ein anderes Ergebnis zu erzielen.

Dain: Sie stellen es nie in Frage, sie denken nie darüber nach, sie denken nie etwas anderes – sie tun es einfach, weil dies das ist, was sie tun. Und dies ist der Teil, den ihr verstehen müsst: Neunundneunzig Prozent der Welt stellt nichts in Frage. Sie haben ein Ergebnis mit etwas erreicht, also bleiben sie dabei. Sie haben vielleicht einmal von tausend ein Ergebnis damit erzielt, aber sie werden weiter daran festhalten, weil sie einmal ein Ergebnis erzielt haben.

Call-Teilnehmer: Ich bin vor Kurzem umgezogen und am Freitag sollte Bell Canada kommen und mein Telefon einrichten. Ich musste einen Tag freinehmen und habe den ganzen Tag auf sie gewartet – aber sie sind nie gekommen. Ich war rasend vor Wut.

Ich fragte mich: „Wer oder was bist du gerade? Auf wen bist du sauer?" Ich merkte, dass ich mich über mich selbst aufregte. Ich ging in meine Falschheit und wie ungewahr ich bin. Hält diese Aggression mich in meinem Falschsein fest? Die Energie davon ist riesig. Ist das meines oder von jemand anderem? Was wäre erforderlich, nicht in mein Falschsein hineinzugehen? Oder was wäre erforderlich, kein aggressiver Irrer zu sein?

Gary: Wenn du anfängst, aggressiv zu werden, bist du in einem der Ablenkungsimplantate. Frage also:

> Alles, was ich getan habe, um dies zu kreieren, zerstöre und unkreiere ich alles? Right and Wrong, Good and Bad, POD and POC, All 9, Shorts, Boys and Beyonds.

Sobald du ein Gewahrsein davon bekommst, dass das, was du tust, nicht nötig ist und du nicht ausgehend davon funktionieren musst, kann sich dir eine vollkommen neue Welt zeigen, die sich sonst niemandem zeigt. Aber du musst bereit sein, eine Frage zu stellen. Auf Telefongesellschaften wütend zu werden, ist etwa genauso sinnlos, wie auf die Regierung wütend zu werden.

Call-Teilnehmer: Welche Frage muss ich stellen?

Gary: Wird derjenige wirklich liefern, was er verspricht? In neunundneunzig Prozent der Fälle lautet die Antwort *Nein*. Wenn jemand einen solchen Termin mit dir vereinbart, frage:

- Wahrheit, wann wird dies geschehen?

- Wann genau wird es geschehen?

- Können Sie mir die exakte Zeit nennen?

Sag den Leuten, es wird dich 2000 $ kosten, dies zu tun, weil du etwas sehr Wichtiges verpassen wirst, und dass du genauer wissen musst, wann es gemacht wird.

Call-Teilnehmer: Wenn eine Frau schwanger ist und eine Wehe bekommt oder wenn sie Regelschmerzen hat, ist das normal und man sagt: „Oh, das ist eine Wehe" oder „Das ist die Regel!" Für mich ist Aggression so. Wenn sie aufkommt, weiß ich genau, was es ist.

Dain: (spricht mit Intensität) POCe und PODe es. Es ist ein Ablenkungsimplantat. Bring mich nicht dazu, ausfallend zu werden! POCe und PODe den Mist! Darum ging es in den letzten anderthalb Stunden. Das musst du tun. Hast du die Energie mitgekriegt? Das ist ein Beispiel für Intensität. Das ist möglich, wenn du ohne Ablenkungsimplantate als deine Realität funktionierst. Jetzt, wo du es erlebt hast, wirst du es nicht vergessen.

Gary: Und du könntest tatsächlich die Aggression hinter dir lassen, aber wahrscheinlich nicht – denn es macht so viel Spaß.

Call-Teilnehmer: Danke.

Dain: Ich hoffe, euch hat dieser Call gefallen, und ich hoffe, dass ihr euch in den nächsten paar Wochen erlaubt, die folgenden drei Sachen zu nutzen:

1. POCt und PODet die Ablenkungsimplantate.

2. Fragt: Gibt es da eine Lüge, ausgesprochen oder unausgesprochen?

3. Fragt: Wem gehört das? Und POCt und PODet alles, was nicht eures ist, das dies an Ort und Stelle hält.

Wenn ihr das tut, werdet ihr hoffentlich in den nächsten zwei Wochen von diesen Sachen befreit.

Gary: Wir hätten gerne, dass ihr frei davon seid, wir hätten gerne, dass ihr die Aktion seid, die ihr in der Welt sein könnt, anstatt der Reaktion, die ihr versucht habt zu sein.

Call-Teilnehmer: Wir müssen viele davon machen und ich habe keine Zeit, sie während des Tages durchzugehen, also habe ich beim Schlafen die Prozesse auf Dauerschleife laufen lassen. Funktioniert es, wenn ich sie auf stumm oder sehr leise laufen lasse?

Gary: Absolut und unbedingt.

Dain: Tatsächlich ziemlich gut.

Gary: So nutzt man die Stunden des Tages voll aus. Den Tag genießen und den Abend nutzen, um all diese Dinge zu POCen und PODen.

Dain: Danke euch allen. Bis bald.

KAPITEL ZWEI
VORWURF, SCHAM, REUE UND SCHULD

Gary: Hallo alle zusammen. Heute werden wir über die Ablenkungsimplantate Vorwurf, Scham, Reue und Schuld sprechen. Diese Ablenkungsimplantate sind dazu angelegt, alles, was machtvoll an euch ist, wegzunehmen.

Im letzten Call haben wir über Wut, Zorn, Rage und Hass gesprochen und wie ihr euch dadurch an einen Ort der Reaktion bringt und die Handlungsfähigkeit verliert. Durch Vorwurf, Scham, Reue und Schuld geht ihr an einen Ort der Bewertung, an dem ihr nicht handeln könnt. Ihr reagiert nur noch. Ihr handelt nie vollständig und geht immer sofort von einem Falschsein aus. Das ist nicht in eurem besten Interesse.

Call-Teilnehmer: Kannst du über Ablenkungsimplantate und all die Arten sprechen, auf die wir das Universum eines anderen annehmen?

Gary: Wir haben uns selbst darauf eingeschwungen, mit allen anderen auf einer Wellenlänge zu sein. In dieser Realität meinen wir, auf einer Wellenlänge zu sein wäre wichtiger als alles andere. Wie viele von euch haben das Gefühl gehabt, dass ihr irgendwie aus der Reihe tanzt?

Call-Teilnehmer: Ich habe in diesem Leben eine jüdische Familie gewählt. Kannst du bitte ein Clearing für diese Art von Erbe machen, wo diese Sache mit der Schuld, der Scham und dem Vorwurf extrem weitverbreitet zu sein scheint?

MENSCHEN UND HUMANOIDE

Gary: So gut wie alle Kirchen, Kulte und Religionen sind darauf ausgelegt, euch so oft wie möglich in Vorwurf, Scham, Reue und Schuld zu bringen.

Das Interessante daran ist, dass es wirklich gut bei Humanoiden funktioniert – weil sie sich selbst bewerten. Menschen hingegen bewerten sich selbst nicht. Sie neigen nicht zu Schuldgefühlen. Sie machen lieber Vorwürfe. Sie sagen: „Ich konnte nichts dafür. Du hast mich dazu gebracht." Sie lasten es dir an. Menschen werden dir immer sagen, wie recht sie haben und wie unrecht du hast.

Dain: Vorwurf, Scham, Reue und Schuld funktionieren nur bei Humanoiden; sie funktionieren nur gegen Humanoide. Wenn du also ein Humanoider bist, wird es immer Menschen geben, die dir Vorwürfe machen, sich weigern, irgendwelche Verantwortung zu übernehmen und versuchen, dich an den Pranger zu stellen. Sie werden versuchen, dich zum Bereuen zu bringen und dazu zu bewegen, dass du dich schuldig fühlst – während sie selbst nie diese Erfahrung machen.

Aus der Sicht der Menschen sind Vorwurf, Scham, Reue und Schuld ein großartiges Mittel, um Humanoide zu neutralisieren. Sie bringen Humanoide runter auf das menschliche Niveau, denn wenn ihr aus Vorwurf, Scham, Reue und Schuld funktioniert, funktioniert ihr immer als eine geringere Version von euch selbst. Diese Ablenkungsimplantate sind eine Art, wie man dich als Humanoiden dazu bringt, dich an die Menschen anzupassen – sie sind eine Art, wie man dich in diese Realität einpasst, damit du von Menschen kontrolliert werden kannst.

Gary: Die Ablenkungsimplantate sind dazu gedacht, dich mit der menschlichen Realität zu synchronisieren, und sobald du die Ablenkungsimplantate aus dem Weg schaffst, fängst du an, die Macht und Potenz von dir als Humanoider zu haben.

Call-Teilnehmer: In der Lage zu sein, mir all der Ablenkungsimplantate und Auslösesysteme bewusst zu sein, die es ihnen ermöglichen zu existieren und mich zu kontrollieren – und in der Lage zu sein, die Potenz zu wählen, die darunterliegt – hat meine Realität verändert und mir erlaubt, mehr Energie zu haben, als ich wusste, dass möglich ist. Die tief darunterliegende Erschöpfung in meinem Körper und Wesen, die ich schon seit Jahren bemerkt habe, hat sich verflüchtigt und alle Potenz, die darunter liegt, wird nun generierend genutzt.

Dain: Deswegen behandeln wir jedes der Ablenkungsimplantate in Vierergruppen. Jede Gruppe erfordert eine bestimmte Menge an Energie, um weiter existieren zu können.

Gary:

Wie viel Energie verwendest du, um Vorwurf, Scham, Reue und Schuld als real für dich beizubehalten? Viel, wenig oder Megatonnen? Alles, was das ist, mal Gottzillionen, zerstörst und unkreierst du das alles? Right and Wrong, Good and Bad, POD and POC, All 9, Shorts, Boys and Beyonds.

Call-Teilnehmer: Sind Vorwurf, Scham, Reue und Schuld immer gegen mich gerichtet? Sind sie ausschließlich gegen mich gerichtet? Ist das korrekt?

Gary: Nein, die Leute werden dir Vorwürfe machen und du wirst dir selbst Vorwürfe machen.

Dain: Vorwürfe zu machen, klappt nicht mit Menschen, aber man kann Humanoiden Vorwürfe machen, indem man Dinge sagt wie: „Es war deine Schuld. Du hast mich dazu gebracht, das zu tun.“

Call-Teilnehmer: Mir scheint, dass ich nur mir selbst Vorwürfe mache. Ich empfinde nur Scham für meinen Körper und mich. Ich habe keine Scham für jemand anders außer mir. Das ist es, was ich meine. Ich tue es niemandem sonst an. Ich tue es nur mir selbst an.

Gary: Ja, das ist korrekt. Es soll dich dazu bringen, dich in dich selbst zurückzuziehen. Es führt dazu, dass du dich selbst immer als falsch ansiehst.

Welche physische Verwirklichung der von Selbstmissbrauch, Selbstrückzug, Selbstgeißelung und Selbsterniedrigung bestimmten Krankheit von Vorwurf, Scham, Reue und Schuld erkennst du nicht als die Quelle zur Eliminierung des Seins zugunsten deines Falschseins an? Alles, was das ist, mal Gottzillionen, zerstörst und unkreierst du das bitte alles? Right and Wrong, Good and Bad, POD and POC, All 9, Shorts, Boys and Beyonds.

DER KÖRPER

Call-Teilnehmer: Ich habe sehr viel Körperprozesse mit anderen ausgetauscht und jedes Mal schließt das mehr von diesem Zeug auf. Auch, wenn man diese Ablenkungsimplantate POCen und PODen kann, bin ich mir nicht sicher, ob man alles erreicht, ohne auch die Körperprozesse zu machen.

Gary: Das ist der Grund, warum wir den Körperkurs eingerichtet haben. Wir haben bemerkt, dass wir eine Menge POCen und PODen können, aber solange der Körper nicht das bekam, was er brauchte, konnte er keine Freiheit erlangen. Der Körper ist ein wesentlicher Bestandteil davon, alles von dir zu werden. Es geht darum, dass du zu dem wirst, der du bist. Aus diesem Grund haben wir die Körperprozesse kreiert.

Call-Teilnehmer: Diese Sache aufzuschließen, war die erste Priorität in meinem Leben und ich erkenne mich langsam überhaupt zum ersten Mal. Also danke.

Gary: Danke dir. Nur, dass ihr es wisst: Wenn ihr MTVSS[5] auf der Krone und dem Perineum laufen lasst, werdet ihr sehr wahrscheinlich eine große Veränderung durch die Arbeit mit den Ablenkungsimplantaten erzielen.

Dain: MTVSS schließt Dinge auf einem anderen energetischen Niveau auf als verbale Prozesse. Lange Zeit haben wir gesagt, MTVSS schließt die Blaupause deines Körpers auf. Ein Teil dessen, was geschah, war,

---

[5] MTVSS (Molecular Valence Sloughing System/Molekulares System zur Abspaltung tödlicher Wertigkeiten) ist ein sanfter, tiefenentspannender Körperprozess von Access Consciousness, bei dem der Körper leicht berührt wird.

dass wir unter Verwendung von Ablenkungsimplantaten in diese Realität hinein-„gedruckt" wurden. Wenn ihr den Körperkurs noch nicht gemacht habt, empfehle ich euch das dringend. Ihr werdet MTVSS und viele andere wunderbare Körperprozesse lernen.

So viele Menschen, die den Körperkurs besucht haben, sagten: „Ich hätte das nie für möglich gehalten! Ich hätte nie gedacht, dass es das gibt! Ich hätte nie gedacht, dass dieser Teil von mir, der ich sein konnte, sich zeigen könnte!" So viele Dinge haben sich ihnen erschlossen, als sie diese Körperprozesse gemacht haben. Behaltet das im Gewahrsein, denn diese Körperprozesse verändern alles von einem ganz anderen Ort aus als verbale Prozesse.

Call-Teilnehmer: Du hast die Auswirkungen der Ablenkungsimplantate auf den Körper erwähnt. Haben gewisse einen anderen Effekt auf den Körper als andere?

Gary: Nicht unbedingt, aber alle haben auf die eine oder andere Art eine Auswirkung auf den Körper, denn ihr schließt sie in den Körper ein, indem ihr ihnen erlaubt, mächtiger zu sein als ihr. Das ist so, weil diese Dinge ein Möbiusstreifen sind, der ständig wieder abgespielt wird, damit ihr nie aus dem automatischen Wiedergabesystem dieser Realität aussteigen könnt.

SCHULD

Call-Teilnehmer: Was ist die beste Art, das allgegenwärtige Schuldgefühl für immer loszuwerden, wann immer ich freie Zeit für mich habe?

Gary: Nun, zunächst einmal hast du keine freie Zeit. Es gibt keine freie Zeit. Du fühlst dich schuldig, weil du etwas nicht tust, was du beschlossen hast, nicht zu tun, wenn du dir Zeit für dich nimmst. Das ist einer der Gründe, warum es Schuld dabei gibt. Sie soll dir das Gefühl geben, dass du nie Wert hast, damit du nie du sein kannst. Du musst jemand anders sein.

Dain:

> Welche physische Verwirklichung der von Selbstmissbrauch, Selbst-
> rückzug, Selbstgeißelung und Selbsterniedrigung bestimmten Krank-
> heit von Vorwurf, Scham, Reue und Schuld erkennst du nicht als die
> Quelle zur Eliminierung des Seins zugunsten deines Falschseins an?
> Alles, was das ist, mal Gottzillionen, zerstörst und unkreierst du das
> bitte alles? Right and Wrong, Good and Bad, POD and POC, All 9,
> Shorts, Boys and Beyonds.

*Call-Teilnehmer: Gary, ich weiß nicht, was alle diese Wörter bedeuten.
Kannst du sie bitte durchgehen?*

Gary: *Selbstrückzug* ist, wenn du in dich gehst, um zu sehen, wo du falsch
liegst. Das ist, wo du denkst: „Oh, das hätte ich nicht tun sollen. Ich
schäme mich. Ich habe Scham in meinem Körper. Ich bin schuldbeladen.
Ich bin böse."

Selbsterniedrigung ist ähnlich. Das ist, wo du sagst: „Oh, ich bin ein
schrecklicher Mensch. Ich bin grundfalsch." Das kreiert eine Menge
religiösen Eifer für Leute. *Selbstgeißelung* ist, was der Typ beim *Da Vinci
Code* getan hat. Er schlug sich selbst und legte einen Bußgürtel um sein
Bein, um Schmerz zu erzeugen. Diese Dinge basieren auf der Vorstellung,
dass du eine grundlegende und angeborene Falschheit in dir hast. Dies
sind Arten, um dich näher zu Gott zu bringen, indem du nicht alles bist,
was du falsch gemacht hast. Was aber, wenn nichts von Natur aus falsch
an dir wäre?

Dain: Dies sind Dinge, die das Gefühl hervorrufen, dass du ein angebore-
nes Falschsein in dir hast, und die Leute können das benutzen, um das bei
dir zu triggern, damit du ständig zu dieser Ansicht gehst, immer wieder.
Bestimmte Energien können sie auslösen.

*Call-Teilnehmer: Seit dem letzten Call habe ich das Gefühl, dass es ein „Ich"
unter all dem gibt. Es gibt das Ablenkungsimplantat und jetzt ist da auch
noch ein „Ich".*

Gary: Ich habe früher den Leuten immer von den Ablenkungsimplantaten erzählt und gesagt: „Wenn ihr auf diese Implantate reagiert, seid das nicht wirklich ihr."

Ich ging davon aus, dass die Leute sagen würden: „Oh! Das bin nicht ich. Das ist ein Ablenkungsimplantat", und es nicht abkaufen würden, aber ich lag falsch in meiner Annahme. Eine Annahme macht euch und mich zum Affen (Anm. d. Übers.: Hier benutzt Gary ein Wortspiel, indem er auf die erste Silbe „ass" – Arsch – des Wortes „assumption" – Annahme – Bezug nimmt. Und auf Englisch bedeutet „to make an ass of oneself" eben „sich zum Affen machen".) Aber die Leute kaufen es ab, weil es so eingefleischt und synchronisiert ist. Das ist wie Synchronschwimmen, wo alle ihre Arme genau zur selben Zeit auf dieselbe Weise bewegen. Oder es ist wie Line Dance. Alle führen dieselben Schritte aus, als ob sie irgendwohin gelangen, aber sie gelangen nirgendwohin. Sie tanzen einfach alle zur selben Melodie.

Das ist das Problem. Es ist, als seist du eine Art Marionette. Du hast keine Wahl. Vorwurf, Scham, Reue und Schuld nehmen dir die Wahl. Deswegen machen wir diesen Call. Irgendwie a) verstehen die Leute es entweder nicht oder b) erkennen nicht, dass sie tatsächlich eine Wahl haben, dieses Problem zu wählen oder nicht.

Call-Teilnehmer: Heißt das, dass ich die Wahl aufgegeben habe? Wie ich schon sagte, habe ich ein Gespür von dem „Ich" jetzt und dem „Ich" zuvor, und ich habe auch alle diese Ablenkungsimplantate.

Sein im Gegensatz zur Notwendigkeit des Tuns

Gary: Ja, aber siehst du, wir sprechen über das *Sein*. Wirst du in dieser Realität ermutigt zu sein oder wirst du ermutigt zu *tun*?

Call-Teilnehmer: Zu tun.

Gary: Ja, und mit diesen Ablenkungsimplantaten läuft es so:

- Vorwurf – Du hast es falsch gemacht.

- Scham – Ich habe es falsch gemacht.

- Reue – Ich hätte es nicht tun sollen.

- Schuld – Wie habe ich so etwas Furchtbares tun können?

All das sind Orte, wo das *Tun* größer wird als das *Sein*. Wenn du beginnst zu erkennen, dass diese Ablenkungsimplantate dich vom Sein abhalten, kannst du anfangen zu begreifen, dass das Sein darunterliegt. Das ist, was unter den Ablenkungsimplantaten versteckt ist.

Die erste Gruppe – Wut, Zorn, Rage und Hass – drehte sich um Potenz und Macht. Diese Gruppe – Vorwurf, Scham, Reue und Schuld – dreht sich um das Sein.

Call-Teilnehmer: Es ist, als ob man nicht einmal weiß, dass sie unser Leben bestimmen.

Gary: Ja, sie bestimmen dein Leben. Das ist das Wichtigste, was du gesagt hast. Es gibt Tausende von Arten, wie du aufgegeben hast, dein Leben zu kontrollieren und in der Lage zu sein, dein eigenes Leben zu bestimmen. Du hast keine andere Wahl, als auf eine Situation oder eine bestimmte Konstellation von Umständen mit bestimmten Reaktionen zu reagieren.

Dain: Die Ablenkungsimplantate holen dich aus einer Reihe an Reaktionen, die du als Wesen haben würdest, und bringen dich zu den Reaktionen, die dich wieder mit dieser Realität verbinden. Sobald dich etwas über diese Realität hinaus erweitern könnte, machen diese Implantate eine Rückwärtsschleife und verbinden deine Fäden mit dieser Realität, sodass du ihr immer beiträgst, anstatt dazu beizutragen, sie aufzuheben oder aufzuschließen.

Welche physische Verwirklichung der von Selbstmissbrauch, Selbstrückzug, Selbstgeißelung und Selbsterniedrigung bestimmten Krankheit von Vorwurf, Scham, Reue und Schuld erkennst du nicht als die Quelle zur Eliminierung des Seins zugunsten deines Falschseins an? Alles, was das ist, mal Gottzillionen, zerstörst und unkreierst du das bitte alles? Right and Wrong, Good and Bad, POD and POC, All 9, Shorts, Boys and Beyonds.

Gary: „Die Notwendigkeit des Tuns" sollte am Ende des Prozesses hinzugefügt werden.

Dain:

> Welche physische Verwirklichung der von Selbstmissbrauch, Selbstrückzug, Selbstgeißelung und Selbsterniedrigung bestimmten Krankheit von Vorwurf, Scham, Reue und Schuld erkennst du nicht als die Quelle zur Eliminierung des Seins zugunsten deines Falschseins und der Notwendigkeit des Tuns an? Alles, was das ist, mal Gottzillionen, zerstörst und unkreierst du das bitte alles? Right and Wrong, Good and Bad, POD and POC, All 9, Shorts, Boys and Beyonds.

Gary: Wow!

Call-Teilnehmer: Als ihr das Clearing Statement gesagt habt, kam der Begriff Selbstauslöschung hoch.

Gary: Wenn du das *Tun* anstelle des *Seins* anstrebst, ist das die Auslöschung des Seins. Dieser ganze Bereich ist dazu gedacht, dein Wesen auszulöschen zugunsten der Richtigkeit dessen, etwas zu tun, das falsch ist, um zu beweisen, dass du falsch liegst. Also ist es ultimativ die Auslöschung des Selbst in jeder Hinsicht und du hast am Ende das Gefühl, unsichtbar und ungesehen zu sein.

Call-Teilnehmer: Wie kann man unterscheiden, ob etwas von einem Ablenkungsimplantat oder einer Entität stammt?

Gary: Die einzige Art festzustellen, ob es eine Entität ist (und in der Regel ist es das nicht – normalerweise ist es eine automatische Reaktion), ist, dass du das Wort „du" in deinem Kopf hörst: „Du bist böse. Du hast es falsch gemacht. Du bist schuld." So kontrolliert dich die Entität. Entitäten verwenden Ablenkungsimplantate nur als ein System der Kontrolle über dich.

Dain: Du würdest immer „ich" sagen. Wenn du „du" in deinem Kopf hörst oder bei dem, was du denkst, und dich dabei auf dich selbst beziehst, ist das eine Entität. Wenn du „du" hörst, weißt du, dass du es nicht bist. Es ist eine Entität.

MACHT UND POTENZ

Call-Teilnehmer: Seit dem letzten Call über Wut scheine ich mehr Wut als je zuvor in meinem Leben zu erfahren, besonders in den letzten Tagen. Ich habe die Clearings laufen lassen und gePOCt und gePODet, aber es kommt mir vor wie Nadelstiche in einer Elefantenhaut. Es scheint nicht viel zu verändern.

Gary: Wenn du Wut, Zorn, Rage und Hass betreibst und zusätzlich noch Vorwurf, Scham, Reue und Schuld empfindest, weil du wütend gewesen bist, lernst du mit großer Intensität, wie du dich selbst bestrafst, indem du ständig deine Wut unterdrückst. Dass sich die Wut steigert, ist wahrscheinlich ein Anzeichen dafür, dass du dich in dieses nächste Implantat hineinbewegst, was eine der Arten ist, wie du dich selbst für jede Wahl, die du triffst, falsch machst.

Dain: Beim letzten Call haben wir über die Vorstellung gesprochen, dass Wut eigentlich Potenz gekoppelt mit der Ablenkung ist. Wenn wir also das Ablenkungsimplantat Wut unterdrücken, unterdrücken wir auch die Potenz.

Und mit Vorwurf, Scham, Reue und Schuld machen viele von euch das zu eurer Falschheit.

Vor Kurzem saßen Gary und ich beim Abendessen und unterhielten uns. Aufgrund verschiedener Wahlen, die er und ich getroffen haben, zeigen sich die Dinge sehr anders und uns stehen viele Möglichkeiten zur Verfügung, und dennoch ging ich zu einer Position zurück, von der aus ich gelernt hatte zu operieren, nämlich: „Was tue ich noch nicht? Was geschieht nicht? Was sollte geschehen, das nicht geschieht?"

Gary sagte: „Das ist Teil des Vorwurfs, der Scham und der Reue bei allem. Warum fragst du nicht: ‚Was ist hier die Möglichkeit, die ich noch nicht gewählt oder begrüßt oder anerkannt habe?'"

Gary: Es ist wirklich wichtig, dass du beginnst, dies anzuerkennen. Du erkennst es wahrscheinlich nicht, aber du hast viel Macht und Potenz.

Dass du zur Wut gelangst, ist ein gutes Zeichen und kein schlechtes.

Du musst fragen: „Benutze ich Wut, um andere zu kontrollieren? Oder bin ich wütend, weil diese Person mich sauer macht und ich weiß, dass es nicht so sein muss?"

Call-Teilnehmer: Ja, ich kann die Potenz unter der Wut sehen, aber ich …

Gary: Du fragst nicht: „Bin ich hier in der Potenz oder in der Wut?" Die Energie von Potenz und Wut sind sehr ähnlich. Aber sie sind nicht gleich.

Dain: Sie sind extrem ähnlich, aber es gibt eine Freiheit und einen Raum bei der Potenz, die es bei der Wut nicht gibt.

Gary: Also fange an zu fragen: „Bin ich hier in der Potenz oder in der Wut?" Dain hat früher immer gesagt „Ich bin so wütend darüber", und ich lachte immer.

Dain: Was einen, wie ich sagen muss, nicht weniger wütend macht, wenn man denkt, dass man wütend ist.

Gary: Ich fing dann an zu lachen, weil ich mir klarmachte, dass es nichts mit Wut zu tun hatte. Es war immer seine Potenz, die sich zeigte. Also lachte ich und Dain wurde noch wütender und ich sagte: „Gute Potenz, Kumpel!"

Dain sagte dann: „Argh, du treibst mich auf die Palme!", und ich sagte: „Ja, ich weiß! Macht das nicht Spaß?"

Ihr seid sehr potent und wenn ihr so viel Potenz habt wie die meisten von euch, werdet ihr merken, dass diese Energie hochkommt. Ihr müsst fragen: „Ist das Potenz oder Wut?" Der Unterschied dazwischen, wie sich Potenz und Wut anfühlen, ist sehr fein, aber es gibt einen Unterschied. So kam das Ablenkungsimplantat ins Spiel. Die Wut lag nahe genug an eurer Potenz, um dieses andere Zeug dranzuhängen. Dasselbe gilt für das Tun und das Sein. Deswegen sind diese Dinge so heimtückisch und ärgerlich.

Call-Teilnehmer: Muss Potenz auf irgendeine Art kanalisiert werden?

Gary: Nein, sie muss nur überhaupt erst einmal anerkannt werden. Du wirst später lernen, sie zu kanalisieren. Lerne erst, sie anzuerkennen, und du kannst später lernen, sie zu verwenden.

Call-Teilnehmer: Manchmal bekomme ich ein Gewahrsein davon, dass sich Sachen in meinem Körper und meinem Gewahrsein entwirren. Die Potenz kommt immer mehr durch. Manchmal scheint es da eine Mischung zwischen dem Triggersystem der Ablenkungsimplantate und der Potenz zur gleichen Zeit zu geben.

Gary: So wurden die Ablenkungsimplantate kreiert. Um irgendein Implantat zu haben, muss man entweder etwas zustimmen und sich danach ausrichten oder in Widerstand und Reaktion dazu gehen. Vielleicht hast du diese Dinge nicht verweigert oder darauf reagiert, doch du hast dich nach deiner Potenz ausgerichtet und ihr zugestimmt – und es gibt eine solch enge Verbindung zwischen Potenz und Wut. Dass du dich nach deiner Potenz ausgerichtet und ihr zugestimmt hast, war die erforderliche Komponente, um dieses Implantat elektrisch in deinem Feld hervorzurufen.

Call-Teilnehmer: Was meinst du mit „mich nach meiner Potenz ausrichten und ihr zustimmen"?

Gary: Wenn du wahrhaft potent bist, sagst du: „Hey, ich bin so machtvoll!" Das ist ein Zustimmen und Sichausrichten nach deiner Macht.

Wir versuchen, all dies aufzuschließen, damit ihr eine Art des Seins in der Welt habt, eine andere Art des Tuns in der Welt und eine andere Arte des Funktionierens, was euch die Macht und die Potenz und alle Elemente davon ermöglichen wird.

Call-Teilnehmer: Verwechsle ich etwas bei Sein und Tun?

Gary: Wir verwechseln alle etwas beim Sein und Tun, weil uns beigebracht wurde, dass wir *tun* müssen, um zu beweisen, dass wir *sind*. Aber ihr müsst nichts *tun*, um zu beweisen, dass ihr *seid*, denn wenn ihr *seid*, habt ihr viel zu *tun*. Und wenn ihr etwas tut, schafft ihr es im Handumdrehen. Ich habe zum Beispiel einen Container mit Antiquitäten für den

Versand nach Australien fertiggemacht. Das ist eine umfangreiche Aufgabe. Brendon kam vorbei, um mir zu helfen, und innerhalb von zwei Tagen hatten wir alles erledigt. Ich wollte einen Paravent verschicken und die Rückseite musste gepolstert werden. Ich brachte ihn um 10 Uhr vormittags zur Polsterei und bekam ihn um sechs Uhr abends zurück. Fertig! Polstereien sind normalerweise nicht so schnell.

Wenn du du selbst bist, richtet sich alles auf der Welt danach aus und stimmt dem zu, indem es dir ermöglicht, Dinge sofort geschehen zu lassen. Dies tritt immer öfter ein – nicht seltener. Wenn du aus dem *Tun* herausgehst an den Ort, wo du in der Lage bist zu *sein*, geschieht alles sofort und mit Leichtigkeit.

Jedes einzelne dieser Ablenkungsimplantate – Vorwurf, Scham, Reue und Schuld – drehen sich um „Ich habe es falsch gemacht. Ich hätte es nicht tun sollen." Das ist ein *Tun* aus der Ansicht des Falschseins heraus. In der Wahl sein ist ein vollkommen anderes Universum. Es verändert, wie du im Leben funktionierst. Wir versuchen euch dahin zu bringen, wo ihr ihr selbst sein könnt und alles, was ihr tut, mit solcher Leichtigkeit und solcher Freude geschieht, dass ihr das Gefühl habt, eigentlich nichts zu tun. Ihr fühlt euch, als stündet ihr auf der Stelle, und alle anderen sehen, wie ihr euch in Raumgeschwindigkeit bewegt.

Call-Teilnehmer: Tun *wir, anstatt zu* wählen? *Und wenn wir* wählen, *müssen wir dann* tun?

Gary: Du bist gerade in das Ablenkungsimplantat „Ich muss nicht tun" gegangen.

Call-Teilnehmer: Erkläre das bitte.

Gary: Wenn du *bist*, ist das *Tun* einfach Teil des *Seins*. Es ist nur eine der vielen Wahlen, die dir zur Verfügung stehen. Du denkst, dass *Tun* etwas ist, das du nicht tun möchtest. Du denkst, du möchtest *wählen*, sodass das *Tun* einfach passiert. So ist es nicht ganz. Was du beschreibst, ist das Sichausrichten und Zustimmen mit der Vorstellung, dass das *Sein* kein *Tun* von dir erfordert – und dies erlaubt dem Implantat, an dich angeheftet zu werden.

Call-Teilnehmer: Ich kapiere es, Gary. Danke. Ich werde mir das fünfundzwanzig Millionen Mal anhören.

INTERESSANTE ANSICHT

Dain: Das ist, was das Werkzeug „Interessante Ansicht, ich habe diese Ansicht" eliminiert. Wenn ihr das sechs Monate lang machen würdet, wärt ihr frei. Jedes einzelne dieser Ablenkungselemente funktioniert aus einer Begrenzung, wo ihr etwas zugestimmt und euch danach ausgerichtet oder euch dagegen gewehrt und darauf reagiert habt, was bedeutet, dass ihr keine „interessante Ansicht" seid.

Mit „Interessante Ansicht, ich habe diese Ansicht" wird das Sein so viel leichter. Wie Gary schon betont hat, unterscheiden Wut und Potenz sich nur minimal. Und wenn ihr bereit seid, eine „Interessante Ansicht" zu sein, steigert sich eure Potenz. Und ihr könnt nicht im Ablenkungsimplantat der Wut steckenbleiben, während eure Potenz sich steigert.

Deswegen stellen wir die „Interessante Ansicht" und das „Erlaubnis sein" gleich am Anfang bei Access Consciousness vor. Wenn du Erlaubnis bist, richtest du dich nicht aus und stimmst nicht zu oder wehrst dich nicht und reagierst nicht. Alles ist nur eine interessante Ansicht. Wir versuchen, die Leute dorthin zu bringen, wo sie unbeeinflusst von allem sein können, was eine begrenzte Ansicht ist.

Call-Teilnehmer: Wenn wir also in die „Interessante Ansicht" gehen, gehen wir noch nicht einmal in die Zustimmung und Ausrichtung mit dem Positiven?

Gary: Genau.

Call-Teilnehmer: Danke.

Call-Teilnehmer: Wenn du über die Ausrichtung mit meiner Potenz sprichst, macht mich das traurig. Ich habe meine Potenz anerkannt, etwas, das mir wirklich gefällt, etwas, das ich kreiert oder gewählt habe, und etwas, das cool an meinem Leben war, und dann habe ich es sofort, nachdem ich es anerkannt habe, zerstört.

Gary: Was ist falsch am Zerstören?

Call-Teilnehmer: Es macht keinen Spaß – und ich würde das gerne verändern.

Gary: Du musst anerkennen, worin du gut bist, und dann alles zerstören, was dies als Begrenzung kreiert. Wenn du sagst: „Oh, das ist so wunderbar!", machst du schließlich eine Begrenzung dessen daraus, was du haben kannst. Statt: „Das ist so wunderbar!", sage lieber: „Oh, das ist so interessant, ich habe diese Fähigkeit. Cool. Was habe ich noch?"

Dain: Da besteht die Versuchung zu versuchen, an einer Stelle zu bleiben.

Gary: Einen Moment! Mir ist gerade etwas klargeworden. Das *Mögen* macht es zu einem *Tun* anstatt zu seinem *Sein*. „Ich mag das so sehr an mir" ist eine Schlussfolgerung. Wenn du das als „Interessante Ansicht" machst, fragst du: „Und was steht mir noch zur Verfügung?" So geht man zur Frage anstatt zur Schlussfolgerung „Ich mag das an mir", was es zu einem Tun macht.

Call-Teilnehmer: Ich habe gerade gesagt: „Das ist cool, was ist noch möglich?" Deswegen war ich verwirrt, dass sich der Teil mit der Zerstörung gezeigt hat.

Gary: Wie wäre es mit: „Das ist cool. Ich kann auch das zerstören und was kann ich noch kreieren, das noch größer ist?"

Call-Teilnehmer: (lacht) Also kann ich fragen: „Was kann ich noch kreieren, das auch Spaß machen würde?"

Gary: Ja. „Was wäre noch großartiger und würde noch mehr Spaß machen als dies?"

Dain: Es muss ein ständiger Zustand der Vorwärtsbewegung sein, der aus dem „In-der-Frage-sein" entspringt. Sonst fällst du wieder auf den kleinsten gemeinsamen Nenner dieser Realität zurück, was ist, wo die

Ablenkungsimplantate und alles, das schwer ist und was du nicht an dieser Realität magst, lebt.

Es gibt diese Tendenz zu denken: „Das Gegenmittel für meinen ewigen Hass auf mich ist, wenn ich diese Sache an mir mag." Nein, das ist es nicht. Ich kenne Access-Facilitatoren, die das gesagt haben. Sie meinten: „Das führt immer wieder zu Schwierigkeiten in meiner Welt." Ich erkannte, dass dies so war, weil sie versuchten, eine positive Polarität zu nutzen, um eine negative Polarität aufzuheben, aus der sie funktionierten – was die Ansicht dieser Realität ist.

Der Schlüssel liegt darin, ohne die Polarität vorwärtszugehen. Um dies zu tun, nutze:

- Interessante Ansicht, ich habe diese Ansicht.

- Was kann ich noch kreieren, das sogar großartiger ist als das?

Gary: Ja, dann kannst du dich ohne die Polarität bewegen.

Call-Teilnehmer: Brillant.

Call-Teilnehmer: Ich bin ein Ausbilder und Redner und liebe, was ich tue. Ich musste noch nie viel in meinem Leben arbeiten und da war immer dieser Teil von mir, der nicht gerne arbeitet. Ich spiele gerne. Ich frage mich …

Gary: Also als jemand, der wirklich *ist*, ist das *Tun* für dich ein Spiel. Das hast du raus. So kannst du Geld machen. Frage: „Womit kann ich heute spielen, das mir sofort Geld bringt?"

Call-Teilnehmer: Ich habe immer das Gefühl gehabt, dass da etwas ist, das mich davon abhält, dies zu tun oder zu sein.

Gary: Merkst du, dass du *Tun* gesagt hast – das ist das Ablenkungsimplantat. Wann immer du in die Ansicht des *Tuns* hineingehst, sind Vorwurf, Scham, Reue und Schuld im Spiel. Du schämst dich, weil du nicht gerne arbeitest. Du hast einen Vorwurf aufgrund der Tatsache, dass du arbeiten musst. Du bereust, dass du nicht korrekt Geld machst. Und du empfindest Schuld, weil du immer noch da draußen kämpfst. All dies dreht sich ums Tun, oder?

Call-Teilnehmer: Ja.

Gary: *Sein* ist die Quelle für die Kreation dessen, mit allem spielerisch zu sein, und wenn du anfängst, mit allem zu spielen, kannst du ständig kreieren und generieren. *Sein* ist die Quelle des Generierens. *Sein* ist die Quelle der Kreation. *Sein* aus dem Spielerischen heraus heißt, dass du wählst, wie du heute spielst, um zu bestimmen, was du im Moment gerne kreieren würdest.

Call-Teilnehmer: Ich würde gerne meine Erfahrung der letzten Woche teilen. Ich war früher immer sehr wütend auf meinen Mann. Ich habe nun die Wut jedes Mal, wenn sie hochkam, gePOCt und gePODet, und es funktionierte wie ein Zauber. Aber jetzt wird mein Mann wütend! Er wird immer intensiver; er wird schon langsam missbräuchlich. Ich bin jetzt nicht wütend – aber ich laufe weg, wenn er es ist. Was bedeutet das? Warum wird er wütend, wenn ich nicht wütend bin?

Gary: Er muss jetzt zur Wut übergehen, um zu versuchen, dich zu kontrollieren, weil das alte System nicht mehr funktioniert.

Dain: Er versucht, das alte System aufrechtzuerhalten, dass du gerade geändert hast. Du kannst Folgendes tun: Wenn er wütend wird, POCe und PODe alle Wut, allen Zorn, alle Rage und allen Hass; allen Vorwurf, alle Scham, alle Reue und alle Schuld; und all die Ablenkungsimplantate in seiner Welt.

Gary: Tu es stumm.

Dain: Ja, nicht laut, sonst haut er dir eine rein.

Call-Teilnehmer: Manchmal ist es so intensiv, dass ich weglaufe. Das ist zu viel für mich.

Gary: Lauf nicht weg. Bleib stehen und schiebe die Barrieren runter, damit er nichts hat, wo er draufschlagen kann. Lass die Energie nicht zu dir kommen. Schiebe die Barrieren runter und ziehe die Energie durch dich *hindurch*.

Dain: Dies ist etwas, das Gary selbst machen musste, weil seine Ex-Frau ein Wut-Monster war. Er bekam die Information, dass die Art, damit umzugehen, einfach darin bestand, dazustehen, all seine Barrieren zu senken und wie verrückt Energie durch sich selbst zu ziehen.

Bevor er damit anfing, schrie sie ihn eine Dreiviertelstunde an, bis sie endlich seine Barrieren eingerissen hatte; und dann war sie schon nach drei Minuten darüber hinweg. Er hat persönliche Erfahrung damit.

Gary: Ich habe viel persönliche Erfahrung hiermit, das kann ich euch sagen. Es macht keinen Spaß.

Call-Teilnehmer: Ist Weglaufen eine Reaktion anstatt Potenz?

Gary: Ja, es ist eine Reaktion, wenn du versuchst, davonzulaufen. Das ist, als ob du versuchst, eine Barriere zu errichten, die er nicht überwinden kann. Kreiere keine Barrieren. Dann stimmst du der Wut zu und richtest dich nach ihr aus, was das Implantat wieder aktiviert. Du musst dasitzen, die Barrieren runterschieben und erlauben, dass die Energie durch dich durchgeht. Wenn du das tust, wird ihm im Handumdrehen die Puste ausgehen! Am Ende wird er lachen, weil er sich lächerlich vorkommt.

Call-Teilnehmer: Vielen Dank.

Gary: Gerne geschehen. Dain, lass den Prozess nochmal laufen.

Dain:

Welche physische Verwirklichung der von Selbstmissbrauch, Selbstrückzug, Selbstgeißelung und Selbsterniedrigung bestimmten Krankheit von Vorwurf, Scham, Reue und Schuld erkennst du nicht als die Quelle zur Eliminierung des Seins zugunsten deines Falschseins und der Notwendigkeit des Tuns an? Alles, was das ist, mal Gottzillionen, zerstörst und unkreierst du das bitte alles? Right and Wrong, Good and Bad, POD and POC, All 9, Shorts, Boys and Beyonds?

Wegen der Notwendigkeit des Tuns – wie viel von dem Tun, das ihr betreibt, ist ein Versuch, dieses alles durchdringende Gefühl, diese Energie von Vorwurf, Scham, Reue und Schuld loszuwerden, die ihr in euch und um euch herum wahrgenommen habt und von der ihr euer ganzes Leben dachtet, sie sei eure?

Gary: Selbst, wenn sie nicht eure war.

Dain:

Alles, was das ist, mal Gottzillionen, zerstört und unkreiert ihr das bitte? Right and Wrong, Good and Bad, POD and POC, All 9, Shorts, Boys and Beyonds.

Call-Teilnehmer: Dieses Wochenende habe ich einen Veranstaltungsort für einen Kurs angemietet und er wurde von einigen der Kinder beschädigt, die da waren. Die Organisation, der der Raum gehört, meinte, sie wollen mir den Raum nicht mehr vermieten. Ich ging in meine alte automatische Haltung, wo ich einen Klumpen im Magen hatte, mich schuldig fühlte und es mir unangenehm war und ich versuchen wollte, herauszufinden, wie ich es in Ordnung bringen kann. Ich erkannte, was ich tat, und habe die Ablenkungsimplantate in dem Zusammenhang geklärt. Ich sagte: „Wow, das ist viel Potenz, die ich in meinem Körper einschließe."

Gary: Moment, warte mal. Schließt du sie *in* deinem Körper ein oder schließt du sie *aus* deinem Körper aus?

Call-Teilnehmer: Ich schließe sie aus meinem Körper aus, auf jeden Fall, aber ich merke das Ausschließen aus meinem Körper in meinem Körper. Ich habe erkannt, dass ich, wenn ich bereit war, mich nicht auf die Schuld einzulassen, die Situation manipulieren konnte. Das klang nicht unbedingt anders – ich sagte immer noch: „Es tut mir so leid. Was kann ich tun, um den Schaden wiedergutzumachen, den ich angerichtet habe?" und all das – aber das hatte etwas Spielerisches und Leichtes an sich. Ich ging nicht in mein Falschsein. Das war solch eine andere Erfahrung. Und mein Körper zog sich nicht zusammen wie früher.

Gary: Hervorragend. Lustig, du hast genau die Frage beantwortet, die ich gerade vorlesen wollte:

Ein Call-Teilnehmer lässt fragen: „Wie würdest du den Vorwurf, die Scham, Reue und Schuld, die dir zugewiesen wurden, zu deinem Vorteil nutzen?"

Gary: Du würdest sagen: „Es tut mir so leid. Ich wusste nicht, dass dies passieren würde. Wie kann ich den Schaden wiedergutmachen? Bitte sagen Sie es mir! Ich bin ein schrecklicher Mensch und werde alles tun, was ich kann, um es wiedergutzumachen!" Das ist ein Beispiel dafür, wie man die Situation zu seinem Vorteil nutzt, weil die meisten Menschen zu Vorwurf, Scham, Reue und Schuld übergehen würden.

Wenn du das tust, wird die andere Partei in die Schuld gehen. Sie wird sagen: „Oh, sie ist eigentlich ein netter Mensch", was Schuld ist. Dann geht sie zur Reue über: „Ich bin viel zu hart mit ihr." Dann wird sie wechseln von: „Sie sind ein schrecklicher Mensch und wir werden ihnen diesen Raum nie wieder vermieten" zu: „Sie sind wirklich sehr nett und wir wissen, dass sie das nicht mit Absicht gemacht haben, also werden wir von unserer Ansicht Abstand nehmen."

Call-Teilnehmer: Ich habe das Gefühl, ich nehme wahr, dass das sich öffnet, sodass ich diesen Raum in der Zukunft wieder werde mieten können. Ich hätte dieses Fenster wahrscheinlich nicht wahrgenommen, wenn ich der Schuld nachgegeben hätte.

Gary: Genau, deswegen ist es so wichtig, darüber hinwegzukommen, Leute.

Dain: Es hätte kein Fenster gegeben, wenn du dich in die Schuld gestürzt hättest, weil dein Ablenkungsimplantat die andere Hälfte von dem gespielt hätte, dem sie zustimmte und sich danach ausrichtete oder sich dagegen wehrte und darauf reagierte. Du hättest eine Pattsituation geschaffen, in der keiner der Beteiligten frei gewesen wäre.

Ihr hättet aneinandergeklebt durch eure Zustimmung und Ausrichtung und euren Widerstand und eure Reaktion; wie zwei Pole eines Magneten. Dies ist ein Beispiel dafür, was Ablenkungsimplantate kreieren, und wenn ihr die Werkzeuge benutzt, die wir euch bei diesem Call geben, und auch die Körperprozesse, seid ihr auf einmal anders. All das Zeug, das euch früher getriggert hätte, ist nicht mehr da. Ihr hört auf, diesen verschiedenen Arten von Polarität ausgeliefert zu sein.

Gary: Wo immer ihr einer Ansicht zustimmt und euch danach ausrichtet oder euch gegen eine Ansicht wehrt und darauf reagiert, schließt ihr euch selbst ein. Wärst du in die Schuld gegangen und das: „Ich kann nicht glauben, dass ihr mir das antut", hättest du ewig an sie gedacht und sie hätten ewig an dich gedacht. Das heißt, wo geht dann deine Energie hin? In die Vergangenheit? Die Gegenwart? Die Zukunft? Oder in ein nicht existentes Universum? Sie würde in ein nicht existentes Universum gehen.

Call-Teilnehmer: Gary, kannst du ein wenig mehr darüber sprechen, dass ich das aus meinem Körper ausschließe?

Gary: Wenn du diese Reaktionen hast, sind die Reaktionen die Sinneswahrnehmung, die dein Körper versucht, dir über die Ablenkungsimplantate zu geben, und wie sie sich auf dich auswirken. Wenn du nicht verstehst, dass du die Potenz aus deinem Körper ausschließt, hast du keine Wahl und keine Handlungsfreiheit. Du hast dann nur Reaktion, die zu kreieren jedes Ablenkungsimplantat angelegt ist. Sie sind dazu gedacht, dich in vollkommene Reaktion zu bringen, überhaupt nicht zur Aktion.

Call-Teilnehmer: Meinst du, dass unser Körper uns sagt, wenn etwas in ihm vorgeht, dass unser Körper uns rät oder zeigt: „Hey, dieses Ablenkungsimplantat wirkt sich gerade auf dich aus. Schaue hin."

Gary: Ja.

Call-Teilnehmer: Also sei aufmerksam, richtig?

Dain: Siehst du, wie genial das ist? Wenn du nur das aus diesem Call mitnimmst, wenn du wirklich kapierst, dass dein Körper dir sagt, dass da etwas passiert, siehst du, dass du ein Detektiv sein musst. Das lernst du bei Access Consciousness, indem du Fragen stellst wie: „Okay, was geht hier vor sich?"

Dann kannst du sagen: „Körper, vielen Dank, dass du mich wissen lässt, dass mein Kopf in einem Haufen Scheiße steckt." Unsere Körper sagen uns ständig, wenn etwas vor sich geht. Dein Körper sagt dir: „Ich lasse dich wissen, was du gerade als dein verflixtes Leben kreierst! Und du, Dummerchen, hast darum gebeten, es zu verändern, aber du hörst nie auf mich. Hier bist du, Dummerchen, und versuchst so zu tun, als seist du bewusst."

Ich möchte nur mal kurz im Namen deines Körpers sprechen. Bitte höre auf, deinen Körper für das falsch zu machen, was er dir zeigt, was er dir mitteilt und was er dir über das sagt, was vor sich geht! Es ist, als ob dein Körper dir ein Geschenk bringt. Er bringt dir ein großartiges Geschenk an Möglichkeiten und du tust so, als sei er eine Katze, die dir einen toten Vogel bringt. Was wäre, wenn du anfangen könntest zu sagen: „Hey Körper, vielen Dank für das, was du mir zu sagen versuchst?" Was wäre, wenn du fragen könntest: „Welche Werkzeuge kann ich hier verwenden, um dieses Zeug zu verändern und weiterzugehen?"

Call-Teilnehmer: Was kann ich tun, um das verzweifelte, übellaunige Bedauern loszuwerden, das ich darüber habe, wie ich Geld und Immobilien in der Vergangenheit schlecht verwaltet habe?

Gary: Hör auf, auf die Vergangenheit zu schauen. Vorwurf, Scham, Reue und Schuld sind dazu gedacht, dich dazu zu bringen, dir anzuschauen, was du falsch gemacht hast, also gehst du in die Schleife der Falschheit von dir zurück. Du gehst immer in dein Falschsein zurück, also bist du immer dein Falschsein.

Dain:

> Das und alle Dreifachen Sequenzsysteme, die das kreieren und alles andere, was dies an Ort und Stelle hält, zerstörst und unkreierst du das bitte? Right and Wrong, Good and Bad, POD and POC, All 9, Shorts, Boys and Beyonds.

Call-Teilnehmer: Als ich anfing, mir der Ablenkungsimplantate bewusst zu werden, sah ich sie von außen kommen, als würde die Gesellschaft sie gegen uns verwenden. Wenn man zum Beispiel über Sexualität spricht, lassen dich viele Leute Reue und Schuld dafür spüren, jemanden vom gleichen Geschlecht zu wählen. Bei diesem Call scheint es so, als sprächen alle über etwas in sich, aber ich schaue, wie alle Sachen von außen uns triggern.

Gary: Ablenkungsimplantate sind dazu angelegt, von außen zu triggern, um dich dazu zu bringen, dich in dich zurückzuziehen und in dir danach zu suchen, wo du falsch liegst.

Dain: Wenn du keine dieser Sachen hättest, die innen getriggert werden können, würden sie nicht von außen getriggert werden.

Gary: Wir versuchen, den Trigger loszuwerden. Access ist ein Abzugsbügel. Es ist die Sicherung am Abzug, damit du nicht abdrückst.

Dain: Wir möchten alle eure großen roten Knöpfe entfernen, auf denen steht: „Drück hier, um mich zu erniedrigen."

Gary: „Drück hier, damit ich mich als falsch sehe." Lasst uns den Prozess noch einmal laufen lassen. Wir werden etwas hinzufügen.

Welche physische Verwirklichung der von Selbstmissbrauch, Selbstrückzug, Selbstgeißelung und Selbsterniedrigung bestimmten Krankheit von Vorwurf, Scham, Reue und Schuld erkennst du nicht als die Quelle zur Eliminierung des Seins, die Quelle des Möbiusstreifens deines Falschseins und die Quelle der Notwendigkeit des *Tuns* an? Alles, was das ist, mal Gottzillionen, zerstörst und unkreierst du das bitte? Right and Wrong, Good and Bad, POD and POC, All 9, Shorts, Boys and Beyonds.

Call-Teilnehmer: Ich fühle mich oft schuldig, dass ich nicht tue, was ich tun sollte. Sind das alles Ablenkungsimplantate? Ist das dieser ganze Teil mit dem „Tun", über das du vorher gesprochen hast?

Gary: Ja. Wenn du dich immer darauf konzentrierst, was du nicht tust, musst du dich irgendwie schlecht fühlen, weil du nicht ständig etwas *tust*. Du konzentrierst dich auf das *Tun*; du erlaubst dir selbst nicht, das zu sein, was dies verändern würde.

Dain: Du konzentrierst dich außerdem auf die Vergangenheit und das Nicht-Tun. Du konzentrierst dich auf die Vergangenheit, anstatt präsent zu sein und vorwärtszugehen.

Call-Teilnehmer: Ich empfinde Bedauern, dass ich mir der Werkzeuge von Access Consciousness nicht bewusst war, als ich meine Kinder großzog. Wovon lenke ich mich ab?

Gary: Nun, zunächst einmal lenkst du dich von der Tatsache ab, dass du ein unendliches Wesen bist, das alles ändern kann, einschließlich der Vergangenheit. Fange hiermit an: „Alles, was ich gestern für meine Kinder war, zerstöre und unkreiere ich jetzt alles." Wenn du das jeden Tag machst, werden deine Kinder alles vergessen, was du mit ihnen gemacht hast, was du nicht mit ihnen hättest tun sollen.

Dain:

> Welche physische Verwirklichung der von Selbstmissbrauch, Selbstrückzug, Selbstgeißelung und Selbsterniedrigung bestimmten Krankheit von Vorwurf, Scham, Reue und Schuld erkennst du nicht als die Quelle zur Eliminierung des Seins, die Quelle des Möbiusstreifens deines Falschseins und die Quelle der Notwendigkeit des *Tuns* an? Alles, was das ist, mal Gottzillionen, zerstörst und unkreierst du das bitte? Right and Wrong, Good and Bad, POD and POC, All 9, Shorts, Boys and Beyonds.

Call-Teilnehmer: Könnt ihr bitte darüber sprechen, wie man, indem man ein Ablenkungsimplantat abkauft, in allen steckt? Ist das wie das eine Ablenkungsimplantat, das man immer als sein Kryptonit kauft, das es den anderen dreiundzwanzig erlaubt, sich wieder zu aktivieren? Wie funktioniert das und wie können wir das ändern?

Gary: Wenn du deiner Ansicht über deine Potenz zustimmst und dich danach ausrichtest oder über dein Wesen oder irgendetwas anderes, welches auch immer davon am schnellsten reagiert, ist das, was als die Hauptquelle für die Einpflanzung dieser Ablenkungsimplantate verwendet wurde. Es konnten praktisch alle wegen dieses einen bestimmten Elements existieren, also musst du bereit sein zu erkennen, dass es eine andere Möglichkeit gibt.

Call-Teilnehmer: Wenn du sagst „das, was als die Hauptquelle genutzt wurde", was meinst du damit?

Gary: Nehmen wir an, Potenz ist das Einzige, dem du zugestimmt und wonach du dich ausgerichtet hast: wie machtvoll du bist.

Call-Teilnehmer: Ja.

Gary: Also schaust du nach deiner Potenz. Das bedeutet, dass Wut, Zorn, Rage und Hass am einfachsten anzuwenden waren, weil deine Potenz der Wut entspringt – der minimale Unterschied zwischen Wut und Potenz. Also konnten sie dies nutzen, um den Rest der Ablenkungsimplantate zu installieren.

Call-Teilnehmer: Wow, also wie konzentriere ich mich auf die Wut? Wenn ich mich auf die Wut konzentriere, was würde ich …

Gary: Nein, nein, nein. Du versuchst, das Problem zu finden und zu lösen. Versuche nicht, das Problem zu lösen. Versuche, der Kreator zu sein.

Call-Teilnehmer: Wie würde das aussehen?

Gary: „Was kann ich über dies hinaus kreieren, woran sonst niemand gedacht hat?"

Dain: Und „Welche physische Verwirklichung der Realität, die noch nie existiert hat, bin ich nun in der Lage zu generieren, kreieren und einzurichten?"

Call-Teilnehmer: Vielen Dank.

Call-Teilnehmer: Du hast gesagt: „Generieren, kreieren und einrichten". Für mich kam hoch: „Generieren, kreieren und verwirklichen". Was ist der Unterschied zwischen einrichten und verwirklichen in diesem Fall?

Gary: Wenn du generierst und kreierst, startest du die Verwirklichung. Wenn du die Verwirklichung startest und sie jeden Tag einrichtest und der Plattform beiträgst, gibt dir das ein größeres Sprungbrett, von dem aus du mehr kreieren kannst.

Wenn du generierst und kreierst, beginnst du zu verwirklichen; du fängst an, das, worum du bittest, in die Existenz zu bringen. Dann musst du es einrichten. Du musst das tun, was es jeden Tag erweitert. Das ist der Teil mit dem Einrichten.

Call-Teilnehmer: Sind also Generieren und Kreation eine Verwirklichung?

Gary: Sie sind der Anfang der Verwirklichung. Du musst es jeden Tag einrichten. Das bringt es vollkommen in die physische Realität.

Call-Teilnehmer: Ich habe immer die Ansicht, dass Schuld etwas ist, das man tut, aber Scham etwas ist, das man ist. Kannst du darüber sprechen?

Gary: Es ist nicht wichtig, wie du es definierst. Bei Scham geht es um das, was du *tust*. Scham ist die Vorstellung, dass du etwas Schlechtes getan hast, weshalb du es nicht tun solltest, weshalb du dich selbst bewerten solltest, dass du so ein schlechter Mensch bist. Du könntest das als das definieren, was du bist, aber es ist eigentlich nicht, wer du bist. Es ist, was du getan hast, worauf du nicht stolz bist.

Ich habe mal einige Rückführungen in frühere Leben gemacht und entdeckt, dass ich ein bezahlter Mörder war und Leute für Geld umbrachte. Dann gab es ein Ereignis in dem Leben, wo ich sagte: „Ich werde das nie wieder tun. Das geht einfach nicht!"

Es war nicht Scham, Vorwurf, Reue oder Schuld, sondern: „Ich werde das nie wieder tun." Die Vorstellung des Tötens ist mir nicht fremd oder etwas, dem ich widerstehen würde. Ich würde jemanden töten, wenn das funktionieren würde, aber ich hasse es, die Sauerei zu beseitigen.

Call-Teilnehmer: Nehmen wir an, ich war in einem vergangenen Leben eine Nonne. Wäre, eine Nonne zu sein, nicht etwas, was man ist, und nicht etwas, was man tut?

Gary: Nein, das ist, was du in dem Leben *getan* hast, um zu beweisen, dass du eine ordentliche religiöse Person *warst*.

Call-Teilnehmer: Okay, ich hab's kapiert. Scham war bei mir ungemein tiefgehend und ich habe mich selbst immer als jemand beschrieben, der einen Schamkern hat. Ist dies das Implantat oder ist das etwas ...

Gary: Das ist das Implantat. Denke jetzt daran, stolz auf etwas zu sein, das du tust. Spüre die Energie davon und dann spüre die Energie von Scham in deinem tiefsten Inneren. Das ist eine ähnliche Schwingung, was ermöglicht hat, dass man dir die Scham implantiert hat – weil dein Stolz die Kehrseite davon ist.

Call-Teilnehmer: Also benutze ich Stolz, um die Scham zu bekämpfen?

Gary: Ja. Du hast versucht, stolz auf das zu sein, was du tust und bist, anstatt zu fragen: „Was kann ich noch tun, das ich noch nicht einmal in Betracht gezogen habe?"

Dain: Was Möglichkeiten eröffnet, anstatt zu versuchen, stolz zu sein oder zu versuchen, die Scham loszuwerden. Frage: „Welche physische Verwirklichung einer Realität, die noch nie existiert hat, bin ich nun in der Lage zu generieren, zu kreieren und einzurichten?"

Ich lege dir sehr ans Herz, das als Dauerschleife aufzunehmen und es immer und immer und immer wieder laufen zu lassen, das ganze nächste Jahr oder so. Ich habe es die ganze Zeit benutzt und es verändert jedes Mal etwas, wenn ich es laufen lasse, weil jeder Moment eine Chance ist, eine Realität physisch zu verwirklichen, die noch nie zuvor existiert hat. Und das ist es, was beginnt sich zu eröffnen!

Ablenkungsimplantate lassen dich glauben, dass du die eine oder die andere Wahl hast. Eine Wahl oder die andere, eine Wahl oder die andere – und das ist nicht wahr für dich als Wesen. Das ist, was du zugelassen hast, dass wahr ist, indem du immer und immer wieder diesen Dingen zugestimmt und dich nach ihnen ausgerichtet hast.

Gary: Lasst uns den Prozess wieder laufen lassen.

Dain:

Welche physische Verwirklichung der von Selbstmissbrauch, Selbstrückzug, Selbstgeißelung und Selbsterniedrigung bestimmten Krank-heit von Vorwurf, Scham, Reue und Schuld erkennst du nicht als die Quelle zur Eliminierung des Seins, die Quelle des Möbiusstreifens deines Falschseins und die Quelle der Notwendigkeit des *Tuns* an? Alles, was das ist, mal Gottzillionen, zerstörst und unkreierst du das bitte? Right and Wrong, Good and Bad, POD and POC, All 9, Shorts, Boys and Beyonds.

Call-Teilnehmer: In meiner Familie hat mein Vater sich auf Wut verlegt und meine Mutter auf Schuld und Scham (und tut es immer noch). Als ein bewusstes, rebellierendes Kind habe ich meine Schuld und Scham zu einer herzzerreißend quälenden Situation gemacht. POCen und PODen funktio-niert nicht. Ich schäme mich für mich, für das, was ich bin.

Gary: Zunächst einmal: Schämst du dich wirklich für dich? Oder bist du stolz darauf, dass du zwei Idioten überlebt hast? Ihr solltet euch alle einmal anschauen, dass ihr die Idioten überlebt habt, die sich eure Eltern nennen. Bitte macht euch klar, dass ihr Scham und Schuld betrieben habt. Ihr habt Wut angewendet. Ihr habt diese Dinge gemacht, als seien sie eine Art, zu einem Gefühl von Stolz auf euch selbst zu gelangen. Nein. Es geht darum, ihr selbst zu *sein*, nicht um das *Tun*.

Ihr habt Menschen überlebt, die Vorwurf, Scham, Reue und Schuld angewendet haben. Ihr habt all das überlebt. Ihr habt nicht nur überlebt – ihr seid auf der anderen Seite herausgekommen. Ihr seid in der Lage, alles anders zu betrachten und zu erkennen: „Ich muss all das nicht sein." Sie taten, was auch immer sie tun mussten, um euch dazu zu bringen, das zu tun, von dem sie dachten, ihr solltet es tun, was euch besser als sie machen sollte. Und das ist die ganze Geschichte.

Alles, was das ist, mal Gottzillionen, zerstört und unkreiert ihr das bitte? Right and Wrong, Good and Bad, Pod and Poc, All 9, Shorts, Boys and Beyonds.

Dain: Einige von euch hatten nur zwei Idioten, ihr verflixten Glückspilze. Ich hatte viele verschiedene Idioten und auch meine Mama, die mich zu Tode liebt.

Irgendwann einmal schaute ich mir dir Situation mit meinem Vater und meiner Stiefmutter an, die beide unglaubliche Menschen sind und beide alles mögliche seltsame Zeug auf mich projiziert haben. Ich erkannte, dass ich alles verweigerte, was ich tun könnte, um mein Leben und meine Lebensweise zu kreieren. Ich konnte nicht produktiv sein, ich konnte nicht kreativ und generierend sein.

Gary sagte: „Du musst deine Perspektive ändern." Er sagte:

- Welches Geschenk hast du bekommen, indem du da warst?

- Welche Großartigkeit hast du, die du sonst nicht hättest?

- Welche andere Ansicht hast du über die Welt, die du sonst nicht gehabt hättest?

- Und was verstehst du an Menschen und ihren Begrenzungen, wo du sie nun durch Facilitation herausholen kannst, aufgrund dessen, dass du mit diesen Menschen gelebt hast?

Vielleicht möchtest du auch diese Fragen über deine Vergangenheit, deine Kindheit und die Menschen, mit denen du zusammen warst, stellen. Du wärst nicht mit diesen Menschen zusammen gewesen, nur um Begrenzung fortzuführen. Du hast das in diesem Leben gemacht, um ein Facilitator der Veränderung zu sein, also jemand, der Veränderung ermöglicht. Wie viele von euch wissen, dass ihr hier seid, um zu einer Veränderung der Welt beizutragen?

Call-Teilnehmer: Absolut!

Dain: Deswegen habt ihr das gemacht.

Gary: Deswegen hattet ihr diese Menschen in eurem Leben. Deswegen haben diese Menschen getan, was sie getan haben.

Dain: Es gibt etwas, was ihr dadurch gewonnen habt. Bitte fangt an zu fragen:

- Was habe ich dadurch gewonnen?

- Wozu bin ich hier?

Das wird eure Perspektive auf eure Realität verändern, wenn ihr bereit seid zu erkennen, dass ihr dies getan habt, um die Welt zu verändern.

Gary: Ihr hattet etwas, dessen ihr euch vollkommen kognitiv gewahr sein wolltet, um anderen zu helfen, die bisher von demselben Ort aus funktioniert haben.

Dain: Und wegen etwas, das ihr habt und seid, und wegen etwas, das sie haben und sind, wusstet ihr, dass, wenn ihr diese beiden Dinge zusammenbringt, ein bestimmtes Ergebnis geschaffen werden würde, das ihr kreieren wolltet. Danach müsst ihr schauen.

Call-Teilnehmer: Sprichst du nicht nur über Eltern, Dain, sondern auch von den Missbrauchssituationen, in die ich mich selbst gebracht habe?

Dain: Ja.

Call-Teilnehmer: Danke.

Gary: Du gehst in diese Missbrauchssituationen, weil du denkst, du brauchst Vorwurf, Scham, Reue und Schuld. Das wird dir von Anfang an antrainiert. Du denkst, du musst allen anderen zustimmen, dich nach ihnen ausrichten und auf einer Wellenlänge mit ihnen sein. Du musst immer im Gleichschritt mit allen anderen marschieren. Und keiner von euch ist ein guter Marschierer. Ihr marschiert um keinen Preis.

Call-Teilnehmer: Ich habe eine körperliche Fehlbildung, die ich als Kind maskiert habe. Ich musste besondere Kleidung tragen und tue dies noch immer. Es ist etwas, wozu die Leute Kommentare abgaben und es immer noch tun. Soll ich das einfach POCen und PODen, bis es keine Wirkung mehr hat? Ist das wirklich alles?

Gary: Nein, es geht mehr darum, die „Interessante Ansicht" zu verwenden und zu fragen: „Was habe ich hiermit kreiert, das ich nicht anerkenne, das mir eine Macht und Potenz gibt, die ich nicht in Anspruch nehme?" Du scheinst es nie von dort aus zu betrachten. Du denkst, du musst es als etwas Falsches ansehen, weil du nicht mit allen anderen auf einer Wellenlänge bist. Es ist eher: „Okay, ja und?"

Ich hatte keine physische Fehlbildung, ich war mental deformiert. Niemand konnte meine Fehlbildung sehen, aber alle konnten sie hören, sobald ich den Mund aufmachte.

Call-Teilnehmer: Ist „Fehlbildung" an sich nicht schon eine Bewertung, Gary?

Gary: Ja.

Call-Teilnehmer: Aber es gibt Dinge, die aus der Norm fallen, was die Leute als Fehlbildung bewerten.

Gary: Ja, ich verstehe. Deswegen habe ich gesagt, ich war deformiert in meiner mentalen Ansicht. Ich war nicht im gewöhnlichen Universum. Ich passte nicht hinein. Ich ging nicht mit allen im Gleichschritt und du tust es auch nicht. Was also hast du dadurch gewonnen, das du nicht anerkannt hast? Da gibt es etwas, das du gewonnen hast.

Viele Menschen möchten sich schuldig fühlen und sich schämen, weil sie keine körperliche Fehlbildung haben und du hast eine. Sie denken, sie sollten etwas für dich tun. Warum nutzt du das nicht zu deinem Vorteil? Du kannst fragen: „Wie kann ich diese Leute nutzen?" Du kannst sagen: „Hey, können Sie mir Geld geben, weil ich eine Fehlbildung habe?" Es gibt alle möglichen Dinge, die du damit machen kannst.

Ein Typ in einem Rollstuhl kam mal zu mir und ich fühlte mich schrecklich, dass er in einem Rollstuhl saß und ich nicht. Ich fragte: „Kann ich dir helfen?"

Er meinte: „Nein, ich kann mich um mich selbst kümmern." Das war eine andere Ansicht und ich musste es aus einer anderen Perspektive betrachten.

Wir gingen zum Mittagessen. Er fuhr die Hintertreppe des Hauses in seinem Rollstuhl runter. Das waren verflixt steile Stufen, sodass ich fast stolperte, als ich sie runterging. Er fuhr sie mit einem Wheelie in Lichtgeschwindigkeit runter, kam unten auf und raste los.

Er sagte: „Hol mich ein, wenn du kannst!"

Ich sagte: „Das ist nicht fair! Du hast Räder. Du kannst dich schneller fortbewegen als ich!"

Mir wurde klar, dass er seinen „Zustand" nicht als Fehlbildung sah. Er betrachtete es als einen Unterschied und das eröffnete ihm Orte, wo er es zu seinem Vorteil nutzen konnte. Du musst dir ansehen, wo du deine „Fehlbildung" zu deinem Vorteil nutzen kannst. Die „Fehlbildung" ist vielleicht deine Rasse, deine Farbe oder dein Glaube; es könnte Teil von deinem Vorwurf, deiner Scham, Reue und Schuld sein; vielleicht ist es auch eine geistige oder eine körperliche Fehlbildung. Bei all dem solltest du fragen: „Wie nutze ich das, um etwa Großartigeres zu kreieren?" Und du kannst die Ablenkungsimplantate nutzen, um die Leute dazu zu bringen, alles für dich zu tun.

Call-Teilnehmer: Ich habe eine Frage dazu, wie man mit Leuten umgehen kann, die sich wie Schlafwandler durchs Leben bewegen. Ich bin nicht bereit, irgendjemand anderes Realität zu bestätigen, wenn sie eine Lüge ist.

Gary: Wenn du nicht bereit bist, jemand anderes Realität zu bestätigen, bist du gemein.

Call-Teilnehmer: Was schlägst du dann vor?

Gary: Erkenne seine Realität als seine Realität an. Das ist eine interessante Ansicht. Du würdest nicht so leben wollen, aber das ist seine Wahl. Wenn du jemandes Realität nicht anerkennst, ist das, als ob du die Fäuste hochnimmst und sagst: „Kämpfe, Arschloch!"

Call-Teilnehmer: Wie führt man eine Unterhaltung mit jemandem, wenn er in seinem Trauma und Drama verstrickt ist? Was sagst du?

Gary: Du sagst: „Wenn ich dein Leben hätte, würde ich mich wahrscheinlich umbringen."

Call-Teilnehmer: Kannst du mir bitte ein anderes Beispiel geben?

Gary: Du sagst: „Wenn ich mit dem zu tun hätte, womit du dich auseinandersetzen musst, würde ich, glaube ich, durchdrehen. Wie schaffst du das? Wie kriegst du das hin? Das muss so schwer für dich sein." Oder du kannst sagen: „Oh, ohhhh oooohhhh! Oh, meine Güte! Ooooh!"

Wenn du die Realität anderer Leute nicht so anerkennst, wie sie sie haben, können sie sie nicht verändern. Du bist weder in Zustimmung und Ausrichtung noch in Widerstand und Reaktion. Du lässt einfach zu, dass sie ist, was sie ist, und sagst: „Wow." Wenn du in Widerstand gehst und reagierst, weil du ihre Realität nicht bestätigen möchtest, ist das gemein von dir. So bleiben sie noch mehr in ihrer Realität hängen. Das erlaubt ihnen nicht, dahin zu kommen, wo sie sie verändern können.

Call-Teilnehmer: Danke.

Call-Teilnehmer: Im letzten Monat bin ich die Finanzunterlagen meines Vaters und meine eigenen durchgegangen. Ich weiß nicht, ob ich getrauert habe oder ob ich Reue empfunden habe, weil ich meinen Vater nicht kennengelernt habe. Als ich meine Papiere und alten Tageskalender durchging, bin ich durch einen Raum gegangen, in dem ich mich selbst und den Raum, aus dem ich funktioniere, bestätigte. Und dann fing ich an zu trauern, weil ich bis jetzt kein Gewahrsein davon gehabt habe, wie ich funktioniere, mein ganzes Leben lang. Ich weiß nicht, ob das Trauer oder Bedauern ist.

Gary: Es ist einfach nur Irrsinn.

Call-Teilnehmer: (lacht) Darin bin ich gut.

Gary: Wenn du sagst: „Ich habe mein ganzes Leben lang so funktioniert", ist das eine Frage? Oder ist das eine Schlussfolgerung?

Call-Teilnehmer: Ich denke, es war ein Gewahrsein darüber, wie sehr ich mich verändert habe und wo ich jetzt im Gegensatz zu früher bin.

Gary: Okay, also musst du anerkennen: „Wow, da habe ich an einem interessanten Ort gelebt." Und dann fragst du: „Was wähle ich heute?" Frage dies, um in die Frage zu gehen.

Wenn du trauerst, betrauerst du das Leben, das du verloren hast, von dem du irgendwie meintest, es hat einen Wert für dich. Du solltest dieses Leben *anerkennen* und es nicht *bestätigen*. Bestätigen heißt, dass du es irgendwie richtig hinstellen musst. Schau dir alles an und frage: „Hat das Spaß gemacht? Welche Teile davon haben Spaß gemacht?" Erkenne an, was Spaß gemacht hat, erkenne an, was gut war – und dann geh weiter.

Heute habe ich mit Dain über meine Hochzeit in den 1980ern gesprochen. Ich erzählte ihm, was ich zur Hochzeitsprobe trug. Dain sagte: „Wow, du erinnerst dich so genau daran! Ist das so, weil es so eine schreckliche Erfahrung war?"

Ich sagte: „Nein, das hat Spaß gemacht."

Die Realität ist, dass es viele spaßige Zeiten in meiner Ehe gab. Es gab viele Dinge, die ich daran genoss und liebte. Könnte ich mit der Frau leben? Nein. Aber ich hasse sie nicht und sehe sie nicht als ein Problem, noch sehe ich das, was wir hatten, als etwas Schreckliches an. Ich betrachte es als etwas, das war. Es hatte seine großartigen Seiten und seine fürchterlichen Seiten. Nichts ist je nur schwarz oder weiß.

Das ist noch etwas an den Ablenkungsimplantaten: Sie sind alle dazu ausgelegt, uns in das Richtige oder Falsche von etwas zu bringen, in das Schwarz und Weiß von allem.

Dain: Das Richtige und Falsche an uns und allem, was wir wählen und allem, was wir tun.

Call-Teilnehmer: Welche Art von Frage könnte ich stellen, wenn ich in diesem Raum bin?

Gary: Nun, du hast es gerade anerkannt. Du hast es gerade gesagt: „Ich war in diesem Raum." Warst du im Raum der Gegenwart? Oder warst du im Raum der Vergangenheit?

Call-Teilnehmer: Ich war eindeutig in der Vergangenheit.

Gary: Wenn du in deine Vergangenheit schaust, um dein Leben zu bestätigen, wirst du dieselbe Vergangenheit als deine Zukunft kreieren. Das wird nicht funktionieren! Genau da musst du dir Klarheit verschaffen und etwas verändern.

Dain: Frage:

> Welche physische Verwirklichung der Realität, die noch nie zuvor in Bezug auf diese Situation oder in Bezug auf meinen Vater oder meine Familie (oder alles andere, was du hier einfügen möchtest) existiert hat, bin ich nun in der Lage zu generieren, zu kreieren und einzurichten? Alles, was dem nicht erlaubt sich zu zeigen, mal Gottzillionen, zerstörst und unkreierst du das bitte? Right and Wrong, Good and Bad, POD and POC, All 9, Shorts, Boys and Beyonds.

Dadurch erhältst du Optionen. Höre dir zusätzlich diesen Call immer wieder an.

Call-Teilnehmer: Nach dem letzten Call hatte ich eine mit Wut behaftete Energie. Ich dachte, ich hätte dich sagen hören, Wut sei mit Freude verbunden.

Gary: Nein, ich habe gesagt, Wut überdeckt Freude. Ich habe gesagt, dass unter der Wut die Freude ist, die du haben könntest, die du nicht in deinem Leben zulässt, weshalb sie so sehr in dieser Realität fehlt. Wut ist dazu gedacht, sie zu verstecken. Du kannst die Freude nicht loslassen. Du solltest die Freude begrüßen und die Wut loslassen. Die Wut versteckt die Freude.

Call-Teilnehmer: Ich habe Probleme damit, dass mein Körper sich schlecht fühlt. Ich habe das Gefühl, dass es damit zusammenhängt.

Gary:

> Wie viel Vorwurf, Scham, Reue und Schuld hast du in deinem Körper eingeschlossen, sodass er sich mies fühlt? Alles, was das ist, mal Gottzillionen, zerstörst und unkreierst du das alles? Right and Wrong, Good and Bad, POD and POC, All 9, Shorts, Boys and Beyonds.

Und wie viel Gewahrsein versucht dein Körper dir darüber zu geben, was dich krank macht – und du machst weiterhin Vorwurf, Scham, Reue und Schuld realer als das Gewahrsein? Süßer Körper. Alles, was das ist, mal Gottzillionen, zerstörst und unkreierst du das alles? Right and Wrong, Good and Bad, POD and POC, All 9, Shorts, Boys and Beyonds.

Call-Teilnehmer: Gary, wie kann ich einer Freundin am besten beitragen, die morgen vor Gericht geht?

Gary: Gehe hin und denke „Wahrheit" vor jeder Frage, die allen Zeugen gegen sie gestellt wird.

Dain: Lass deine Magie wirken, damit der Richter wirklich sehen kann, was eigentlich vor sich geht, worüber die andere Seite bisher hat lügen können.

Call-Teilnehmer: Gary und Dain, ich möchte nur ein riesiges Dankeschön aussprechen.

Gary: Danke euch allen, dass ihr hier dabei wart. Ich hoffe, ihr habt einige Dinge gelernt, und ich hoffe, das wird euch dynamisch helfen.

KAPITEL DREI

SUCHTHAFTE, TRIEBHAFTE, ZWANGHAFTE UND PERVERTIERTE ANSICHTEN

Gary: Hallo allerseits. Willkommen zu unserem dritten Call über Ablenkungsimplantate. Heute sprechen wir über suchthafte, triebhafte, zwanghafte und pervertierte Ansichten.

Suchthaft ist die Vorstellung, dass man es nicht ändern kann. *Triebhaft* ist die Notwendigkeit, es zu tun. *Zwanghaft* ist, wenn du daran denken musst und es herausfinden musst, damit du weißt, wie man es macht. Das ist, wenn du es im Kopf herausfinden musst, damit es richtig ist, um zu versuchen, nicht das zu tun, was falsch ist, in das du dich reinsteigerst. Und dann gibt es *pervertierte Ansichten*. In dieser Realität besteht die Hauptperversion darin, ein Humanoider zu sein und die Welt nicht so zu sehen wie andere Leute. Das ist die ultimative und pervertierte Ansicht.

Das Nonplusultra einer pervertierten Ansicht ist, das Leben mit einem Gefühl von Freude zu betrachten und nicht mit Bewertung. Alles, was ihr nicht bereit seid, über all das wahrzunehmen, zu wissen, zu sein und zu empfangen, zerstört und unkreiert ihr das alles? Right and Wrong, Good and Bad, POD and POC, All 9, Shorts, Boys and Beyonds.

NOTWENDIGKEIT

Das Allerwichtigste bei all dem ist, dass es da diese Sache gibt, die sich

Notwendigkeit nennt. Und jedes Mal, wenn es eine Notwendigkeit gibt, irgendetwas zu tun oder zu sein oder zu erreichen, geht ihr in das Ablenkungsimplantat suchthafter, triebhafter und zwanghafter Realitäten.

Dain: Wenn ihr etwas als eine Notwendigkeit definiert, habt ihr nicht die Wahl, es nicht zu tun – weil es eine Notwendigkeit ist. Oder wenn es eine Notwendigkeit ist, es nicht zu tun, habt ihr nicht die Wahl, es zu tun. Ihr erkennt nicht, dass die Wahl bei euch liegt. Ihr geht in suchthafte, triebhafte und zwanghafte Ansichten hinein, was auch Abneigung, Wut, Zorn, Rage und Hass hervorruft. Diese Sache, von der ihr beschlossen habt, sie sei eine Notwendigkeit, von der ihr meint, ihr würdet sie nicht wählen – die ihr wählen müsst, weil es solch eine Notwendigkeit ist – aktiviert diese Ablenkungsimplantate.

Gary:

> Wie viele Notwendigkeiten hast du, die das kreieren, was du als die Abhängigkeit deines Lebens bezeichnen würdest? Alles, was das ist, mal Gottzillionen, zerstörst und unkreierst du das alles? Right and Wrong, Good and Bad, POD and POC, All 9, Shorts, Boys and Beyonds.

> Und wie viele Notwendigkeiten hast du, die die triebhaften Teile deines Lebens kreieren? Zerstörst und unkreierst du sie alle? Right and Wrong, Good and Bad, POD and POC, All 9, Shorts, Boys and Beyonds.

> Wie viele Notwendigkeiten hast du, um dich zwanghaft zu machen? Die ultimative Notwendigkeit dreht sich um das Zwanghaftsein. Ich muss dies tun, ich habe anders keine Wahl, als es zu tun, ich muss es tun! Alles, was das ist, mal Gottzillionen, zerstörst und unkreierst du das alles? Right and Wrong, Good and Bad, POD and POC, All 9, Shorts, Boys and Beyonds.

Call-Teilnehmer: Ich habe seit dem letzten Call viele Körperprozesse laufen lassen und mein Körper braucht weniger Schlaf. Aber ich kämpfe mit festen Ansichten, dass ich mehr Schlaf brauche. Kannst du darüber sprechen, wenn etwas auf eine Art eine Notwendigkeit ist und sich dann verändert im Vergleich zu früher und zu etwas anderem wird?

Gary: Es ist unsere Ansicht, die eine Notwendigkeit kreiert. Alles ist eine Wahl. Aber wir funktionieren so oft wie möglich, als gäbe es keine Wahl.

Wir haben dies mit der Zeit gelernt. Zum Beispiel sagen die Leute, man müsse drei ordentliche Mahlzeiten am Tag zu sich nehmen. Was ist denn eine ordentliche Mahlzeit? Ist das ein Stück Weizenkorn? Ist es ein Apfel, der nicht richtig zugeschnitten wurde (Anm. d. Übers.: in Anspielung auf den englischen Begriff „square meal" – was „ordentliche Mahlzeit" bedeutet, greift Gary einmal „square" heraus, was „quadratisch" bedeutet, und dann „meal", was „Schrotmehl" bedeutet)? Was ist eine ordentliche Mahlzeit? Bitte! Es ist einfach total verrückt, was wir da tun.

Dain: Das ist wie ein Big Mac – der ist in einer quadratischen Schachtel!

Gary: Du musst eine ordentliche Mahlzeit zu dir nehmen! Das sind all die Orte, wo wir eine Notwendigkeit abkaufen, indem wir jemand anderes Ansicht abkaufen, anstatt gewahr zu sein. Momentan drehen sich eure suchthaften und triebhaften und zwanghaften Ansichten hauptsächlich darum, dass ihr falsch seid. Dies sind all die Arten und Weisen, wo ihr euch selbst davon überzeugt, falsch zu sein, alle die Arten und Weisen, auf die ihr meint, ihr müsst falsch sein.

Wie viele Notwendigkeiten, falsch zu sein, verwendet ihr, um diese ständige suchthafte, triebhafte und zwanghafte Ansicht über euer Falschsein zu kreieren? Alles, was das ist, zerstört und unkreiert ihr das alles? Right and Wrong, Good and Bad, POD and POC, All 9, Shorts, Boys and Beyonds.

Call-Teilnehmer: Du hast mein Hirn mit dem Wort „suchthaft" gegrillt. Ich habe die Ansicht, es bedeutet „bedürftig" oder „bedürfend". Was hast du gesagt, bedeutet suchthaft?

Gary: „Suchthaft" ist, wenn du meinst, keine andere Wahl zu haben, als etwas zu tun. Jemand, der Alkohol bis zu einem Suchtzustand trinkt, denkt, er hat keine echte Wahl. Er glaubt, dies sei die einzige Wahl, die er treffen kann – nämlich zu trinken. Er kann keine andere Möglichkeit sehen.

Viele Menschen sind süchtig nach Bewertungen und diese Leute denken, es sei eine Notwendigkeit, Bewertungen zu haben; ihre Bewertungen beweisen, wer sie sind. Dies sind all die Arten, wie man diese Welt aus einer Position der Sucht nach Falschsein, nach Bewertung, nach dem Schlechten und allem anderen betrachtet.

DIE ULTIMATIVE PERVERSION IST GEWAHRSEIN

Wenn ihr es einmal wirklich anschaut, seht ihr, dass die ultimative Perversion Gewahrsein ist. Ihr erkennt, dass die ganzen Ablenkungsimplantate eine Vorbereitung darauf sind, euch vom Gewahrsein fernzuhalten. Das Nonplusultra der Perversion in dieser Realität ist, aus vollkommenem Bewusstsein zu funktionieren. Diese Realität an und für sich ist das, von dem wir beschlossen haben, wie es sein sollte; sie ist nicht, was wirklich ist.

Wenn du suchthaften, triebhaften und zwanghaften Ansichten anhängst, verteidigst du einen Teil dieser Realität. Wann immer du meinst, keine Wahl zu haben, sind dies die Orte, wo du diese Realität verteidigst, wie sie ist.

> Wie viele deiner eigenen suchthaften, triebhaften und zwanghaften Ansichten basieren auf deinem Bedürfnis, diese Realität zu verteidigen oder zu retten? Alles, was das ist, mal Gottzillionen, zerstörst und unkreierst du das alles? Right and Wrong, Good and Bad, POD and POC, All 9, Shorts, Boys and Beyonds.

Call-Teilnehmer: Genau da bin ich hingegangen! Ich bin in die Verteidigung oder das Heilen der Abhängigkeit gegangen. Ist das nicht verrückt?

Gary: Nein, das ist einfach, wie es hier ist. So muss man es angeblich hier machen. Es geht angeblich darum, die Realität zu verteidigen. Jedes einzelne Ablenkungsimplantat ist dazu ausgelegt, euch vom vollkommenen

Gewahrsein, vom vollkommenen Sein abzuhalten, und dazu gedacht, euch dahin zu bringen, dass ihr alles eliminiert außer dem, was diese Realität euch als wahr, richtig und real vermittelt hat.

Versuchen wir also Folgendes:

> Welche physische Verwirklichung der suchthaften, triebhaften und zwanghaften Krankheit des Verteidigens und Rettens dieser Realität erkennst du nicht als die Eliminierung und Auslöschung der Perversion des totalen Bewusstseins an? Alles, was das ist, mal Gottzillionen, zerstörst und unkreierst du das alles? Right and Wrong, Good and Bad, POD and POC, All 9, Shorts, Boys and Beyonds.

Call-Teilnehmer: Gary, kannst du erklären, was die Perversion des totalen Bewusstseins ist? Wie sieht das aus?

Gary: Vollkommenes Bewusstsein ist die Perversion dieser Realität. In dieser Realität hat man kein Gewahrsein zu haben, also ist vollkommenes Gewahrsein die ultimative Perversion. Es ist das, was man niemals wählen sollte.

Dain: Das ist die Andersartigkeit, die du nicht sein sollst, was noch ein weiterer Aspekt dessen ist, was hier als pervers gilt. Die Andersartigkeit, die du nicht sein solltest, ist das vermeintliche Falschsein, das, wenn du bereit wärst, es zu sein, bewirken würde, dass du nach deiner eigenen Ansicht richtig bist. Die Nichtbewertung deines Falschseins für das Gewahrsein, das du tatsächlich hast.

Call-Teilnehmer: Damit hast du gerade mein Hirn gegrillt.

Gary: Es läuft darauf hinaus, dass man in dieser Realität alles aus der Ansicht von richtig oder falsch, gut oder schlecht oder schwarz oder weiß empfangen soll. Man soll sich dessen nicht gewahr sein. Man soll zur Schlussfolgerung und Bewertung, zum Beschluss und zur Berechnung gelangen. So soll man leben. Man soll aus der Bewertung von allem leben.

Es ist wirklich wichtig, dass ihr zu kapieren beginnt, wie das funktioniert, anstatt zu versuchen, aus der Ansicht zu leben, es müsse etwas anderes sein. Also lasst uns dies nochmal laufen:

Welche physische Verwirklichung der suchthaften, triebhaften und zwanghaften Krankheit des Verteidigens und Rettens dieser Realität erkennst du nicht als die Eliminierung und Auslöschung der Perversion des totalen Bewusstseins an? Alles, was das ist, mal Gottzillionen, zerstört und unkreiert ihr das alles? Right and Wrong, Good and Bad, POD and POC, All 9, Shorts, Boys and Beyonds.

Call-Teilnehmer: Du hast schon über die Sache mit dem Essen gesprochen, aber das ist ein wirklich nerviger Faktor in meinem Leben.

Gary: Ist Essen für dich eine Notwendigkeit? Gibt es eine Notwendigkeit für deinen Körper zu essen? Wenn bei etwas eine Notwendigkeit besteht, hast du am Ende eine Menge Wut und stopfst deinen Körper mit dieser Wut voll.

Wie viel deines Essens aus Notwendigkeit ist diese Wut? Alles, was das ist, mal Gottzillionen, zerstörst und unkreierst du das alles? Right and Wrong, Good and Bad, Pod and Poc, All Nine, Shorts, Boys and Beyonds.

Viele Menschen gehen in die Notwendigkeit von etwas hinein und werden dann wütend darüber. Und wenn sie das tun, kreieren sie oft Krankheit in ihrem Körper. Andere kreieren Langsamkeit in ihrem Kopf. Manche kreieren eine Unfähigkeit, in einem bestimmten Bereich zu funktionieren. Manche kaufen ab, dass alles gut ist, solange x, y, z eintritt, und nichts davon hat mit Gewahrsein zu tun. Lass es nochmal laufen, Dain.

Dain:

Welche physische Verwirklichung der suchthaften, triebhaften und zwanghaften Krankheit des Verteidigens und Rettens dieser Realität erkennst du nicht als die Eliminierung und Auslöschung der Perversion des totalen Bewusstseins an? Alles, was das ist, mal Gottzillionen, zerstörst und unkreierst du das bitte? Right and Wrong, Good and Bad, POD and POC, All 9, Shorts, Boys and Beyonds.

Wie viele von euch wissen, dass ihr süchtig danach seid, diese Realität zu verteidigen und zu retten?

LEBEN JENSEITS VON ABLENKUNG

Gary: Wie viel von dem Essen ist ein Verteidigen und Retten dieser Realität? Muss dein Körper wirklich essen? Oder ist das auch eine Verteidigung dieser Realität? Alle sagen euch, ihr müsst essen. „Du musst essen! Du wirst sterben, wenn du nicht isst!" Das sind all diese Dinge. Hast du je deinen Körper gefragt, was er wirklich essen möchte? In 90 % Prozent der Fälle möchte er nicht wirklich essen, er isst nur, weil du ihn dazu zwingst.

Dain:

> Und wie viel von dem Essen dient dazu, die Wut zu nähren, die du bereits in deinem Körper eingeschlossen hast, um eine bestimmte Energie oder eine bestimmte Schwingung aufrechtzuerhalten, nach der du süchtig geworden bist? Alles, was das ist, mal Gottzillionen, zerstört und unkreiert ihr das bitte? Right and Wrong, Good and Bad, POD and POC, All 9, Shorts, Boys and Beyonds.

Gary: Okay, mach es nochmal.

> Welche physische Verwirklichung der suchthaften, triebhaften und zwanghaften Krankheit des Verteidigens und Rettens dieser Realität erkennst du nicht als die Eliminierung und Auslöschung der Perversion des totalen Bewusstseins an? Alles, was das ist, mal Gottzillionen, zerstörst und unkreierst du das bitte? Right and Wrong, Good and Bad, POD and POC, All 9, Shorts, Boys and Beyonds.

Call-Teilnehmer: *Soll ich mich selbst als Perversion betrachten?*

Gary: Du bist eine Perversion, wenn du auch nur eine vage Vorstellung von Gewahrsein hast.

Call-Teilnehmer: *Ja. Das ist falsch. Das ist eine Bewertung.*

Gary: Du sollst ja in Bewertung leben. Du sollst gemäß den Regeln dieser Realität leben. Das Problem ist, dass dir niemand die Regeln gibt. Man sagt dir nur, du solltest nach den Regeln leben.

Call-Teilnehmer: *Das ist wie ein Kreislauf, Gary. Wenn ich auch nur einen Bruchteil Gewahrsein habe, gehe ich zur Perversion, die wieder zurück zur*

Bewertung führt, die mein Gewahrsein eliminiert.

Gary: Stopp, stopp, stopp, nein – wovon sprichst du?

Call-Teilnehmer: Ich spreche darüber, in den Bewertungskreislauf einzusteigen.

Gary: Der Bewertungskreislauf ist nicht die Perversion. Bewusstsein ist die Perversion.

Call-Teilnehmer: Sobald ich mich selbst als Perversion sehe, gehe ich in die Bewertung darüber, weil ich Perversion als Bewertung betrachte.

Gary: Perversion ist keine Bewertung; Perversion ist Gewahrsein. Du gehst in die Bewertung, um andere Ablenkungsimplantate für dich anspringen zu lassen, damit du weiterhin diese Realität und Lebensweise verteidigst, als ob es eine Notwendigkeit gäbe, nach den Regeln dieser Realität zu leben.

Call-Teilnehmer: Wunderbar. Ich hatte gedacht, dass alles, was eine Perversion ist, etwas Falsches ist.

Die wahre Perversion dieser Realität ist Bewusstsein

Gary: Das verstehe ich. Aber das ist alles, wie es hier läuft. Die wahre Perversion ist Bewusstsein. Das ist die Perversion dieser Realität. Man soll in dieser Realität nicht bewusst sein. Wenn ihr bereit seid, nach den Regeln dieser Realität zu leben und ihnen zu unterliegen, und wenn ihr bereit seid, diese Realität zu verteidigen und die Notwendigkeit als Wahrheit zu verteidigen, könnt ihr nicht bewusst funktionieren und geht in die Bewertung von euch selbst.

Call-Teilnehmer: Danke, Gary.

Call-Teilnehmer: Du sprichst von „denen", die die Implantate einpflanzen. Wer sind „sie", abgesehen von unseren Eltern oder Vorfahren?

Gary: Es geschah wahrscheinlich vor vier Trillionen Jahren, also ist es nicht wichtig, wer „sie" sind. Wichtig ist, dass man sich danach ausrichten und dem zustimmen oder in Widerstand und Reaktion gehen muss, damit es geschehen kann. Insofern sind wir also selbst dafür verantwortlich. Wir wählen, uns danach auszurichten und dem zuzustimmen oder dem zu widerstreben und darauf zu reagieren, was dem erlaubt einzutreten.

Dain: So ist es mit allem. Anstatt zu fragen: „Was ist das? Woher kommt das? Wer hat uns das angetan?", müsst ihr dahin kommen, wo ihr sagt: „Okay, was wähle ich hier?"

Gary: Es gibt kein „Warum?" beim Gewahrsein. Wenn ihr ins „Warum?" geht, seid ihr außerhalb des Gewahrseins. Sobald ihr ins „Warum?" geht, habt ihr das Gewahrsein verloren und werdet es nie zurückbekommen. Geht nicht ins „Warum?". Wenn ihr das tut, geht ihr in eure Falschheit und bringt all dies zum Stillstand.

Dain: Hier ist etwas, das ihr tun könnt, das euch in allen Lebensbereichen helfen wird: Jedes Mal, wenn ihr anfangt zu sagen: „Oh, dies ist geschehen", haltet inne. POCt und PODet es und fragt: „Was kann ich kreieren?" Anders ausgedrückt, sagt statt: „Dies ist geschehen" lieber: „Ich habe das kreiert." Wenn ihr auf: „Das ist geschehen" verzichtet und zu „Ich habe das kreiert" übergeht, werdet ihr bald erkennen: „Wow, Ich kreiere alles, was sich zeigt! Irgendwie trage ich dazu bei!"

So habt ihr einen anderen Ort des Seins. Da beginnt ihr, mehr das Bewusstsein der Perversion zu sein, was das Gewahrsein ist, dass ihr tatsächlich die Realität kreiert. Sie geschieht euch nicht.

Call-Teilnehmer: In der letzten Woche ist mir aufgefallen, dass ich viel Spaß hatte. Mir haben meine Arbeit und die anderen Sachen, die ich tue, Freude gemacht. Mein Massage-Business ist durchgestartet und ich fühle mich wohlhabender. Mir ist die Idee gekommen, dass es Spaß machen würde, einen Chor zu gründen. Die Energie dabei war wirklich cool. Später am selben Tag sprach ich mit jemandem und sobald ich den Chor erwähnte, wurde die Unterhaltung ganz schräg. Die andere Person sagte: „Wow, ist das eine pervertierte Ansicht?", als ob etwas, das einem große Freude bringt, pervers wäre. Das war so eine unerwartete Wendung!

Gary: Freude, Glück und Gewahrsein sind eine Perversion dieser Realität.

Dain: Überfluss, Leichtigkeit, Frieden, Möglichkeit und keine Probleme zu haben, sind alles Perversionen dieser Realität. Sie kommen zu dir aus dem Gewahrsein und dem Bewusstsein. Bewusstsein ist, wie man all diese Dinge hat und ist. So kann man sie wählen.

Gary: Das Verdrehte ist, was du tun musst, um falsch zu sein, damit du in diese suchthaften, triebhaften und zwanghaften Ansichten hineingehen kannst. So wird sichergestellt, dass du dich immer als geringer als du selbst zeigst. Lassen wir dies noch einmal laufen:

> Welche physische Verwirklichung der suchthaften, triebhaften und zwanghaften Krankheit des Verteidigens und Rettens dieser Realität erkennst du nicht als die Eliminierung und Auslöschung der Perversion des totalen Bewusstseins an? Alles, was das ist, mal Gottzillionen, zerstörst und unkreierst du das bitte? Right and Wrong, Good and Bad, POD and POC, All 9, Shorts, Boys and Beyonds.

Call-Teilnehmer: Ich denke, dass bei mir die suchthaften, triebhaften und zwangshaften Ansichten hauptsächlich bei Beziehungen auftreten, und ich schwanke zwischen ihnen und Perversion.

Gary: Ihr nehmt immer einzelne Bereiche und sagt Dinge wie: „In diesem Bereich ist es einfach so." Aber das ist nicht einfach so. Ihr macht das in allen Bereichen eures Lebens. Wie oft bewertet ihr euch zum Beispiel an einem Tag? Ist das suchthaft, triebhaft und zwanghaft? Ja, nonstop!

Also betrifft das nicht nur Beziehungen; es ist nur offensichtlicher in Beziehungen, denn der andere versucht verzweifelt, euch zu lieben, und um sicherzustellen, dass dies nicht geschieht, müsst ihr triebhaft und zwanghaft und ständig irgendwelche Fehler bei dem anderen oder euch selbst finden. Ist das nicht cool? Und wir wissen doch alle, dass es eine Notwendigkeit gibt, eine Beziehung zu haben, richtig?

> Alles, was das ist, mal Gottzillionen, zerstört und unkreiert ihr das bitte? Right and Wrong, Good and Bad, POD and POC, All 9, Shorts, Boys and Beyonds.

NOTWENDIGKEIT ODER WAHL

Du musst dich ständig fragen: „Tue ich das aus Notwendigkeit oder aus der Wahl heraus?" Sobald du dir klar darüber wirst, ob du etwas aus Notwendigkeit oder aus Wahl tust, wirst du all diese Bereiche dynamisch verändern.

Call-Teilnehmer: Wenn ich andere Leute facilitiere, ist mir klar, dass es triebhafte und zwanghafte Dinge gibt, über die sie noch nie gesprochen haben. Zum Beispiel erkennen die meisten Menschen nicht an, dass sie zwanghaft ihren Körper kritisieren oder das Haus immer und immer wieder abschließen oder andere typisch zwanghafte Dinge tun.

Gary: Sie merken es nicht.

Call-Teilnehmer: Sie merken es nicht. Genau das ist es. Was könnte man hinzufügen, um ihnen dieses Gewahrsein zu eröffnen? Oder geht das überhaupt – wenn sie es gar nicht wollen?

Gary: Wenn sie es nicht wollen, kannst du nichts dagegen tun. Du musst warten, bis jemand eine Frage stellt. Aber du musst dir auch klarmachen, dass die Notwendigkeit, niemals über Dinge zu sprechen, die Notwendigkeit, Geheimnisse zu hüten, die Notwendigkeit, Dinge privat zu halten, und die Notwendigkeit, Dinge totzuschweigen, sie wieder in der Krankheit der Ablenkung festhält.

Alles, was das ist, mal Gottzillionen, zerstörst und unkreierst du das bitte? Right and Wrong, Good and Bad, POD and POC, All 9, Shorts, Boys and Beyonds.

Es geht nicht darum, die Nicht-Notwendigkeit oder die Unnotwendigkeit oder die Keine-Notwendigkeit als Zurückweisung zu betreiben. Das ist das Ablehnen von etwas und nicht unbedingt Wahl. Ablehnung ist keine Wahl.

Wie viele Nicht-, Un- oder Keine-Notwendigkeiten hast du, die dich in deiner persönlichen suchthaften, triebhaften und zwanghaften Realität festhalten? Alles, was das ist, mal Gottzillionen, zerstörst und unkreierst du das alles? Right and Wrong, Good and Bad, POD and POC, All 9, Shorts, Boys and Beyonds.

Call-Teilnehmer: Gary, es fühlt sich fast so an, als sei dies die Struktur, die all die Begrenzungen an Ort und Stelle hält.

Gary: Nicht *fast*, sondern *das tut es*. Das ist alles ein Faktor. Schau, wir alle haben einen Ort, wo unsere Realität aufhört. Es ist, als sei es realer, das Ablenkungsimplantat zu sein, als unsere eigene Realität zu haben und tatsächlich aktiv zu sein.

Dain: Sieh dich um. Wie viele Menschen sind in diesen Ablenkungsimplantaten gefangen? Und wie sehr oder wie wenig schätzen sie Bewusstsein?

Die Leute denken, wenn ihre Augen offen sind, sind sie bewusst – und das ist sogar noch bewusster, als sie sein möchten. Sie streben nicht mehr an, und so viel von dem, was auf dem Planeten als Bewusstsein verbreitet worden ist, ist kein Bewusstsein. Es ist eine Lüge, dass dies Bewusstsein ist; es ist eine Schlussfolgerung und eine Antwort. Es war angeblich etwas Besseres als das, was vorher war.

Wenn ihr euch klarmacht, dass es in dieser Realität als wertvoller angesehen wird, wenn ihr aus Ablenkungsimplantaten und den Ansichten anderer Leute heraus funktioniert, beginnt ihr zu erkennen, wo einige Aspekte davon für euch als die Notwendigkeit für die Realität vorbestimmt wurden, die ihr wählen müsst. Es ist eine Perversion, wenn ihr etwas anderes wählt.

Call-Teilnehmer: Kannst du mir bitte Perversion definieren?

Gary: Perversion ist, diese Realität nicht abzukaufen.

Dain:

> Welche physische Verwirklichung der suchthaften, triebhaften und zwanghaften Krankheit des Verteidigens und Rettens dieser Realität erkennst du nicht als die Eliminierung und Auslöschung der Perver-

sion des totalen Bewusstseins an? Alles, was das ist, mal Gottzillionen, zerstörst und unkreierst du das bitte? Right and Wrong, Good and Bad, POD and POC, All 9, Shorts, Boys and Beyonds.

Call-Teilnehmer: Das ist faszinierend. Das bedeutet, es ist eine Notwendigkeit, eine Familie und Kinder zu haben, und das nennen sie Freude. Wow!

Gary: Kinder zu haben macht manchmal Spaß und ganz häufig keinen Spaß. Es ist nicht alles großartig und voller Glück und Wunder und es ist nicht alles fabelhaft und toll. Wenn du bewusst bist, hast du statt einer Notwendigkeit ein Gewahrsein davon, was du mit einer Familie und Kindern haben wirst, und das gibt dir einen Ort, wo du wählen kannst.

Noch einmal, die ultimative Perversion ist totales Gewahrsein. Das ist wahre Perversion – totales Gewahrsein. Ihr habt die Lüge aufgetischt bekommen, Perversion sei alles, was schlimm ist. Und das Schlimmste auf den Planeten Erde ist Gewahrsein. Es ist das Einzige, was alle zu vermeiden versuchen. Können wir das nochmal laufen lassen?

Dain:

Welche physische Verwirklichung der suchthaften, triebhaften und zwanghaften Krankheit des Verteidigens und Rettens dieser Realität erkennst du nicht als die Eliminierung und Auslöschung der Perversion des totalen Bewusstseins an? Alles, was das ist, mal Gottzillionen, zerstörst und unkreierst du das bitte? Right and Wrong, Good and Bad, Pod and Poc, All Nine, Shorts, Boys and Beyonds.

Call-Teilnehmer: Das Wort „Widerstand" kommt immer wieder hoch, während wir über Perversion sprechen. Sind wir irgendwo im Widerstand, wenn wir versuchen, diese Realität aufzuheben?

Gary: Nein, du bist in der Verteidigung. Wenn du dagegen ankämpfst oder sie in Ordnung bringst oder wählst, verteidigst du sie und versuchst, sie zu retten. Wenn du versuchst, dagegen vorzugehen, kämpfst du hart, um sie zu retten, weil du nur das bekämpfst, was du wirklich gerne hättest.

Call-Teilnehmer: Wenn man also versucht, eine Veränderung in der Rea-

lität zu bewirken, ist man immer noch im Widerstand zu ihr?

Gary: Ja. Und du tust das, anstatt das totale Gewahrsein davon zu haben, was anders wäre, das mehr und großartiger sein könnte als das, was wir derzeit haben. Du musst bereit sein, diese Realität für dich einzuspannen, damit sie dich versorgt und bedient, anstatt ein Angestellter dieser Realität zu werden und wirklich hart zu arbeiten, um diese Realität zum Funktionieren zu bringen.

Wann immer du wenig Geld hast, wann immer dein Leben nicht voller Fülle ist, wann immer du verzweifelt versuchst, eine Beziehung in Ordnung zu bringen oder etwas aufzulösen, das schon seit deiner Geburt da war – oder seit du acht warst oder was auch immer – bei all diesen Dingen geht es um die Vorstellung, dass du diese Realität, die du gerade hast, irgendwie in Ordnung bringen oder verteidigen musst; nicht, dass du eine andere Realität wählen könntest, eine, die von der Fähigkeit herrührt zu erkennen, dass du tatsächlich gewahr bist.

Call-Teilnehmer: Also sollte man dies nicht vom Standpunkt aus betrachten, dass es eine andere Art ist, seine Welt zu verändern. Man sollte dies vom Standpunkt aus betrachten, dass dies ein anderes Gewahrsein ist, dass man haben kann.

Gary: Dies ist ein Gewahrsein, das du haben kannst, und wenn du dieses Gewahrsein hast, welche Art von Realität kannst du kreieren und generieren, die noch nicht existiert hat?

Call-Teilnehmer: Ich habe den Fehler schon gemacht, und zwar, als ich diese Informationen, wie ich die Welt verändern will, mit anderen geteilt habe.

Gary: Nun, das haben wir alle schon. Wir denken, wir müssen die Welt verändern, anstatt eine Welt zu erschaffen, die tatsächlich funktioniert. Wenn du dich umsehen und sehen würdest, wie wenig auf dem Planeten Erde funktioniert, würdest du versuchen, das zu ändern? Würdest du versuchen, das in Ordnung zu bringen? Oder wärst du bereit, etwas zu kreieren, das noch nie existiert hat?

Call-Teilnehmer: Ich denke, das Problem für mich ist nicht, dass ich immer geglaubt habe, diese Realität sei real oder dass ich alles tun muss, was alle anderen tun oder dass ich ihre Ansicht haben muss. Das Problem war – wie kreiert man eine Veränderung, in der alle anderen bereit sind zu leben?

Gary: Du hast es gerade wieder gesagt. Du hast gefragt: „Wie kreiert man eine Veränderung?" Es geht nicht darum, eine Veränderung zu kreieren; es geht darum, einen Unterschied zu bewirken.

Call-Teilnehmer: Macht man das, indem man bei sich und dem bleibt, woran man glaubt?

Gary: Das kannst du nicht. Bewusstsein umfasst alles und bewertet nichts. Wenn du versuchst, Dinge zu verändern und bei dir zu bleiben, versuchst du, dich von dieser Realität zurückzuziehen, was bedeutet, dass du die Richtigkeit der Tatsache verteidigst, dass sie falsch ist und du falsch bist.

Call-Teilnehmer: Darüber muss ich nachdenken.

Gary: Es ist anders, als du denkst. Du hast schon seit Ewigkeiten versucht, diese Realität zu verändern. Warst du erfolgreich?

Call-Teilnehmer: Nein.

Gary: Nein. Dem Versuch, sie zu verändern, liegt die Annahme zugrunde, dass sie gut ist. Vor Jahren, als ich im Polstereigeschäft tätig war, kamen die Leute zu mir und sagten: „Ich möchte diese Couch machen lassen." Die Couch hatte zum Beispiel ganz gerade Lehnen. Die Leute meinten dann: „Ich möchte, dass du richtige Plüschlehnen daraus machst."

Ich erwiderte ihnen: „Man kann keine Plüschlehnen aus einer Couch mit geraden Lehnen machen." Sie meinten dann: „Ja, aber ich möchte eine andere Couch!"

Ich sagte: „Ihre Couch ist nicht dafür gemacht, Plüschlehnen zu haben, also können Sie keine Plüschlehnen bekommen."

„Ja, aber ich möchte Plüschlehnen!"

„Nun, dann kaufen Sie eine andere Couch." „Aber ich möchte die hier neu beziehen lassen."

„Aber Sie können sie nicht neu beziehen lassen, sodass sie aussieht oder sich anfühlt, wie Sie es möchten."

„Nun, dann kaufe ich eine neue Couch."

„Ja, das ist, was ich Ihnen geraten habe."

Ihr versucht, eine Welt neu zu beziehen, die nicht funktioniert.

> Alles, was das ist, mal Gottzillionen, zerstört und unkreiert ihr das alle? Right and Wrong, Good and Bad, POD and POC, All 9, Shorts, Boys and Beyonds.

Wenn ihr es zu einer Notwendigkeit macht, die Welt zu verändern, habt ihr dann eine Wahl? Oder müsst ihr ständig bewerten, ob ihr sie verändert oder nicht? Ihr müsst bewerten. Ihr könnt keine wahre Wahl haben, solange eine Notwendigkeit besteht, sie zu verändern oder sie besser zu machen oder in der Lage zu sein, sie zu überleben, oder irgendwelche dieser Dinge, die alle Notwendigkeiten sind, die euch keine Wahl lassen.

Was euch zu empfehlen wäre, ist dieser pervertierte Ort, an dem ihr vollkommene Wahl und vollkommenes Gewahrsein habt. Aber ihr nehmt an, dass *Perversion* falsch und etwas Schlechtes ist. Die Definition von Perversion ist das, was nicht in anderer Leute normale Realität hineinpasst.

> Alles, was das ist, mal Gottzillionen, zerstört und unkreiert ihr das alle? Right and Wrong, Good and Bad, POD and POC, All 9, Shorts, Boys and Beyonds.

Call-Teilnehmer: Also ist Perversion Leichtigkeit, Freude und Herrlichkeit?

Gary: Ja.

Call-Teilnehmer: Ich habe in einigen Bereichen Perversion ziemlich gut umgesetzt, aber ich bin davon ausgegangen, dass ich niemals das Richtige erreicht oder getan habe und dass ich mich mehr anstrengen sollte.

Gary: Was hat dich beschließen lassen, dass du falsch liegst?

Call-Teilnehmer: Andere Menschen leben nicht so wie ich. Sie denken nicht wie ich. Ich wollte nie Kinder haben; ich wollte nie heiraten. Ich wollte nie eines dieser Dinge. Ich war nicht im Widerstand gegen irgendetwas; das waren einfach Wahlen. Ich wollte diese Sachen einfach nicht.

Gary: Okay.

Call-Teilnehmer: Das verringert aber nicht die Bewertungen, die deswegen auf mich gerichtet werden und ich ertappe mich dabei, wie ich sie will und mich danach sehne ...

Gary: Solange du meinst, dass irgendjemand eine Bewertung über dich und deine Wahlen hat, gerätst du in Verlegenheit und hast verloren. Darum geht es bei dem suchthaften, triebhaften und zwanghaften Teil dieser Sache. Das ist, wo du immer anfängst, dich als das bewertbare Vergehen zu sehen.

Du musst bereit sein, eine andere Realität zu haben, in der du auf die Bewertungen reagierst mit: „Okay, danke, dass du mich bewertest" oder „Oh meine Güte, du bewertest mich, aber danke, dass du mich bewertest."

Alles, was das ist, mal Gottzillionen, zerstörst und unkreierst du das alles? Right and Wrong, Good and Bad, POD and POC, All 9, Shorts, Boys and Beyonds.

Wenn du an diesem Ort sein kannst, der wirklich pervers ist ...

Call-Teilnehmer: (lacht) Entschuldigung, ich muss lachen.

Dain: Gut.

Gary: Das ist ein böses kleines Lachen!

Call-Teilnehmer: Es ist großartig!

Gary: Merkst du, wie viel glücklicher dich das macht?

Call-Teilnehmer: Es ist eine Erleichterung, mich selbst nicht in Ordnung bringen zu müssen.

Gary: Wenn du ständig in einem Zustand bist, wo du versuchst, etwas in Ordnung zu bringen, versuchst du ständig, diese Realität zu verteidigen. Ob es nun um dich geht, diese Realität oder etwas anderes, du musst dahin kommen, dass du erkennst: „Oh, ich habe eine andere Wahl als die meisten Menschen! Ich wähle anders als sie!" Nicht etwa: „Ich habe recht" oder „Ich habe unrecht." Sondern: „Ich bin einfach anders." Anderssein ist in dieser Realität pervers. Alles, was nicht der Standardvorgehensweise entspricht, ist pervertiert.

Call-Teilnehmer: Wenn man versucht, Perversion zu einem Erfolg zu machen, ist das genauso Widerstand, als wenn man versucht, etwas in Ordnung zu bringen? Gibt es eine Verwendung für diese Perversion?

Gary: Du hast Perversion nicht verwendet, um Erfolg zu kreieren, weil du nicht gefragt hast: „Ist dies eine Notwendigkeit für mich? Oder ist es eine Wahl? Tue ich, was ich tue, aus der Wahl heraus?" Solange du irgendeine Notwendigkeit bei irgendetwas hast, wählst du nicht. Du wirst von etwas anderem außerhalb von dir bestimmt.

Dain: Wenn du sagst, es sei eine Notwendigkeit zu beweisen, dass du aus dieser anderen Ansicht erfolgreich bist, oder dass es eine Notwendigkeit ist, zu beweisen, dass du es richtig hinbekommen hast, funktionierst du nicht aus der Leichtigkeit der Wahl in dieser Sache.

Wenn es jedoch eine Wahl und ein Gewahrsein ist: „Bei mir läuft anderes als bei allen anderen", dann hast du die Freiheit zuzulassen, dass deine Wahl deinem Leben beiträgt, und bist nicht durch sie begrenzt.

Call-Teilnehmer: Es fühlt sich eher wie Letzteres an, aber ich werde das auf jeden Fall sorgfältig prüfen.

Dain: Mache ein Schild an deine Schlafzimmertür: „Derzeit in sorgfältiger Prüfung und in Arbeit."

Call-Teilnehmer: (lacht) Das ist lustig.

Dain:

> Welche physische Verwirklichung der suchthaften, triebhaften und zwanghaften Krankheit des Verteidigens und Rettens dieser Realität erkennst du nicht als die Eliminierung und Auslöschung der Perversion des totalen Bewusstseins an? Alles, was das ist, mal Gottzillionen, zerstörst und unkreierst du das bitte? Right and Wrong, Good and Bad, POD and POC, All 9, Shorts, Boys and Beyonds.

Erinnert ihr euch, als wir über Wut, Zorn, Rage und Hass gesprochen haben, wie wir gesagt haben, dass Wut und Potenz eng miteinander verbunden sind? Sobald du etwas zustimmst und dich danach ausrichtest, kommt es zu einer kleinen Veränderung oder Verdrehung. Es gibt eine grundlegende Energie, die für dich als Wesen wahr ist. Dann stimmst du dem zu und richtest dich danach aus und es wird verdreht.

Die Energie der Andersartigkeit, die du *bist*, unterscheidet sich von dieser Realität. Wenn du zustimmst und dich ausrichtest oder in Widerstand gehst und reagierst, ermöglicht dies, dass das Ablenkungsimplantat implantiert und explantiert[6] wird. Ohne diese Ausrichtung und Zustimmung oder diesen Widerstand und diese Reaktion würde das Implantat nicht existieren. Ohne die Notwendigkeit, irgendetwas davon als richtig oder falsch anzusehen, könnte nichts davon auf die gleiche Weise existieren.

Gary:

> Welche physische Verwirklichung der suchthaften, triebhaften und zwanghaften Krankheit des Verteidigens und Rettens dieser Realität erkennst du nicht als die Eliminierung und Auslöschung der Perversion des totalen Bewusstseins an? Alles, was das ist, mal Gottzillionen, zerstörst und unkreierst du das bitte? Right and Wrong, Good and Bad, POD and POC, All 9, Shorts, Boys and Beyonds.

---

[6] Implantate sind Dinge, die mit dem Körper in irgendeinem Leben gemacht wurden. Explantate sind Dinge, die außerhalb des Körpers gemacht wurden, an den ätherischen Körpern um den physischen Körper herum. Sie haben eine Auswirkung auf den Körper, aber sie sind nicht im Körper.

Call-Teilnehmer: Dain, hast du gerade gesagt, dass ich, wenn ich zustimme und mich ausrichte, den Ablenkungsimplantaten Tür und Tor öffne? Ist das korrekt?

Gary: Ja, das ist korrekt. Es ist unwichtig, ob du zustimmst und dich ausrichtest oder im Widerstand bist und reagierst, beides holt dich aus der Wahl heraus und bringt dich in die Notwendigkeit. Ist dir je aufgefallen, dass, wenn du ein Gewahrsein zu etwas hast und du versuchst, das mit jemanden zu teilen, derjenige sagt: „Oh, du liegst falsch" oder „Oh, du bist verrückt!"? Er kann nicht sehen, was du siehst.

Dain: Das tritt auch ein, wenn dich jemand bittet, ihm zu sagen, wenn er ein Verhalten an den Tag legt, von dem er behauptet hat, es nicht tun zu wollen. Wenn du sagst: „Erinnerst du dich, wie du mir gesagt hast, ich soll dir Bescheid geben, wenn du dich verhältst wie diese andere Person, wie die du dich nicht verhalten möchtest? Nun, du machst es gerade." Wenn er nicht bereit ist, das zu hören, wird er wütend auf dich.

Gary: Und die Leute werden nie bereit sein, das zu hören, also glaubt ihnen nicht, wenn sie sagen: „Sag mir, wenn ich das tue, was ich nicht tun sollte." Lasst euch nicht darauf ein, denn sie lügen.

Dain: Wenn du sagst, dass sie lügen, werden sie es nie glauben. Aber es ist eine Tatsache, dass sie lügen. Sie wollen dieses Zeug nie wissen; sie sagen nur, dass sie das wollen.

Gary: Also lass es wieder laufen, Dr. Dain.

Dain:

> Welche physische Verwirklichung der suchthaften, triebhaften und zwanghaften Krankheit des Verteidigens und Rettens dieser Realität erkennst du nicht als die Eliminierung und Auslöschung der Perversion des totalen Bewusstseins an? Alles, was das ist, mal Gottzillionen, zerstörst und unkreierst du das bitte? Right and Wrong, Good and Bad, POD and POC, All 9, Shorts, Boys and Beyonds.

Gary: Scheinbar kommen wir tatsächlich weiter. Kann das wahr sein?

Dain: Ja, kann es. Gary: Cool.

Also, welche Notwendigkeit verwendest du, um die Krankheit in deinem Körper zu kreieren? Alles, was das ist, mal Gottzillionen, zerstörst und unkreierst du das alles? Right and Wrong, Good and Bad, POD and POC, All 9, Shorts, Boys and Beyonds.

Welche Notwendigkeit verwendest du und welche Verteidigung dieser Realität wählst du, um die Probleme zu kreieren, die du in deiner Ehe hast? Alles, was das ist, mal Gottzillionen, zerstörst und unkreierst du das bitte? Right and Wrong, Good and Bad, POD and POC, All 9, Shorts, Boys and Beyonds.

Welche physische Verwirklichung der tödlichen und unabdingbaren Krankheit der Notwendigkeit erkennst du nicht als die überlegene Quelle für die Kreation des Nicht-Wahl-Universums an, von dem du glaubst, es kreiere deine Realität? Alles, was das ist, mal Gottzillionen, zerstörst und unkreierst du das bitte? Right and Wrong, Good and Bad, POD and POC, All 9, Shorts, Boys and Beyonds.

Dain:

Welche physische Verwirklichung der tödlichen und unabdingbaren Krankheit der Notwendigkeit erkennst du nicht als die überlegene Quelle für die Kreation des Nicht-Wahl-Universums an, von dem du glaubst, es kreiere deine Realität? Alles, was das ist, mal Gottzillionen, zerstörst und unkreierst du das bitte? Right and Wrong, Good and Bad, POD and POC, All 9, Shorts, Boys and Beyonds.

Call-Teilnehmer: Jetzt verstehe ich, warum ihr das Wort suchthaft da hineingenommen habt. Irgendwie wusste ich, dass Perversion totales Gewahrsein ist und jetzt ist es so viel deutlicher. Ich wollte nur danke sagen. Es verändert so viel in meinem Bewusstsein, zu hören, dass Perversion totales Gewahrsein und totales Bewusstsein ist! Vielen Dank euch beiden!

Gary: Gerne geschehen.

Welche physische Verwirklichung der tödlichen und unabdingbaren

Krankheit der Notwendigkeit erkennst du nicht als die überlegene Quelle für die Kreation des Nicht-Wahl-Universums an, von dem du glaubst, es kreiere deine Realität? Alles, was das ist, mal Gottzillionen, zerstörst und unkreierst du das bitte? Right and Wrong, Good and Bad, POD and POC, All 9, Shorts, Boys and Beyonds.

DIE ULTIMATIVE QUELLE

Beachtet, dass ich „die überlegene Quelle" sage, weil du die ultimative Quelle sein solltest. Ihr denkt, es gäbe eine Quelle, die euch überlegen ist, die bewirkt hat, dass ihr eine Keine-Wahl-Realität habt. Es gibt sie nicht! Ihr habt das Sagen, Leute!

Alles, was das ist, mal Gottzillionen, zerstört und unkreiert ihr das alles? Right and Wrong, Good and Bad, POD and POC, All 9, Shorts, Boys and Beyonds.

Welche physische Verwirklichung der tödlichen und unabdingbaren Krankheit der Notwendigkeit erkennst du nicht als die überlegene Quelle für die Kreation des Nicht-Wahl-Universums an, von dem du glaubst, es kreiere deine Realität? Alles, was das ist, mal Gottzillionen, zerstörst und unkreierst du das bitte? Right and Wrong, Good and Bad, POD and POC, All 9, Shorts, Boys and Beyonds.

Call-Teilnehmer: Für mich kam hoch, dass das Nicht-Wahl-Universum meine Realität ist.

Gary: Ja, weil du denkst, es gäbe da draußen etwas, das über dich hinaus-geht. Du denkst, es gibt etwas, das über dir ist, das großartiger ist als du. Das bringt dich in eine Position, wo du keine Wahl hast. Für dich ist Nicht-Wahl realer als Wahl.

Und wenn du die Nicht-Wahl-Ansicht hast, bedeutet das, egal, wo du beschlossen hast, keine Wahl zu haben, eliminierst du die Fähigkeit alles zu verändern, was du gerne verändern möchtest. Veränderung hört in dem Moment auf, wo du das Nicht-Wahl-Universum hast.

Call-Teilnehmer: Danke.

Gary: Du hast die Fähigkeit, alles zu verändern, was du willst.

Welche physische Verwirklichung der tödlichen und unabdingbaren Krankheit der Notwendigkeit erkennst du nicht als die überlegene Quelle für die Kreation des Nicht-Wahl-Universums an, von dem du glaubst, es kreiere deine Realität? Alles, was das ist, mal Gottzillionen, zerstörst und unkreierst du das bitte? Right and Wrong, Good and Bad, Pod and Poc, All Nine, Shorts, Boys and Beyonds.

Gary: Ich ändere die Formulierung hier ein wenig ab:

Welche physische Verwirklichung der tödlichen und unabdingbaren Krankheit der Notwendigkeit erkennst du nicht als die überlegene Quelle für die Kreation des Nicht-Wahl-Universums an, von dem du glaubst, es kreiere und dominiere deine Realität? Alles, was das ist, mal Gottzillionen, zerstörst und unkreierst du das bitte? Right and Wrong, Good and Bad, Pod and Poc, All Nine, Shorts, Boys and Beyonds.

Oh, das ist gut! Das hat es schlimmer gemacht.

Teilnehmer: (lachen)

Gary:

Welche physische Verwirklichung der tödlichen und unabdingbaren Krankheit der Notwendigkeit erkennst du nicht als die überlegene Quelle für die Kreation des Nicht-Wahl-Universums an, von dem du glaubst, es kreiere und dominiere deine Realität? Alles, was das ist, mal Gottzillionen, zerstörst und unkreierst du das bitte? Right and Wrong, Good and Bad, POD and POC, All 9, Shorts, Boys and Beyonds.

Call-Teilnehmer: Wow, die „überlegene Quelle" hat mich gerade in alle großen Mysterien geführt.

Gary: Ja, denn hättest du als unendliches Wesen, wenn du wahres Gewahrsein hättest, irgendwelche Mysterien?

Call-Teilnehmer: Offensichtlich nicht.

Gary: Nein, wir tun eine Menge Zeug, um die Vorstellung zu kreieren, dass es eine überlegene Quelle gibt, die Kontrolle über uns hat. So kreieren wir Schicksal und Karma und alle diese Dinge.

Call-Teilnehmer: So machen wir es auch mit unseren Körpern. Das scheint für viele von uns ein Rätsel zu sein – wie wir unseren Körper „betreiben", was wir mit ihm tun, was er tun und wie er heilen kann.

Gary: Ja, es ist eine Perversion, seinen Körper tatsächlich zu verstehen.

Call-Teilnehmer: Dass man es kann oder dass man es nicht kann?

Gary: Wenn man das kann, ist das eine Perversion. Also versucht man es nicht zu tun, damit man das Mysterium haben kann, damit man glauben kann, es gäbe eine höhere Quelle, die einen kontrollieren kann. Wie viel Spaß macht das?

Dain: Denn, wenn man noch nicht einmal das grundlegendste Ding kontrollieren kann, genannt unser Körper, und ihn nicht dazu bringen kann, drei Arme und vier Beine und all die Dinge wachsen zu lassen, die wir in der Lage sein sollten zu tun, glauben wir, dass wir die geringste Potenz und die geringste Fähigkeit haben, Veränderung zu kreieren und zu wählen. Es ist unsere ständige Rückbestätigung eines Nichts-Wahl-Universums.

Gary: Und ihr habt die suchthaften, triebhaften und zwanghaften Ansichten, dass ihr irgendwie keine Kontrolle über euren Körper habt, nicht sein Kreateur seid und eigentlich keine Fähigkeit habt, ihn zu verändern.

Call-Teilnehmer: Ah! Das ist wie ein Schlag ins Gesicht!

Gary: Tut mir leid!

Call-Teilnehmer: Danke.

Gary: Das ist nicht meine Ansicht. Wir haben all die Körperkurse gemacht, um den Menschen mehr Gewahrsein über ihren Körper zu geben. Der Fortgeschrittenen-Körperkurs hat einige neue Sachen, die anfangen, dynamische Auswirkungen zu zeigen. Wenn es so weitergeht, wird es einfach wunderbar werden. Also drückt die Daumen, dass wir endlich in diesem Bereich des Irrsinns überlegen sind und dass wir auch dort eine Veränderung kreieren werden.

Alles, was das ist, mal Gottzillionen, zerstört und unkreiert ihr das alles? Right and Wrong, Good and Bad, POD and POC, All 9, Shorts, Boys and Beyonds.

Dain:

Welche physische Verwirklichung der tödlichen und unabdingbaren Krankheit der Notwendigkeit erkennst du nicht als die überlegene Quelle für die Kreation des Nicht-Wahl-Universums an, von dem du glaubst, es kreiere und dominiere deine Realität? Alles, was das ist, mal Gottzillionen, zerstörst und unkreierst du das bitte? Right and Wrong, Good and Bad, POD and POC, All 9, Shorts, Boys and Beyonds.

Call-Teilnehmer: Das wäre dann ja alles, was es gibt. Wir sind die physische Verwirklichung von all dem.

Gary: Ja, und mehr – und wir sind es bisher nicht gewesen. Wir haben nach den Regeln dieser Realität funktioniert. Wir haben diese Realität verteidigt und sind die Retter dieser Realität gewesen, indem wir versucht haben, in Ordnung zu bringen, was nicht funktioniert, anstatt das zu kreieren, was funktionieren wird.

Call-Teilnehmer: Ich liebe das einfach. Das ist einfach so eine Erleichterung! Das kannst du dir nicht vorstellen.

Gary: Oh doch! Es war eine Erleichterung für mich, das zu erkennen.

Call-Teilnehmer: Ich habe gerade über die Notwendigkeit der Privatsphäre nachgedacht und war mir gewahr, dass ich, um zu wählen, bestimmte Dinge privat zu halten, versuche, Bewertung zu vermeiden. Denke ich deswegen, dass Bewertung machtvoller und eine größere Quelle ist als ich?

Gary: Ja, ist das nicht cool?

Call-Teilnehmer: Das ist wirklich am Brodeln.

Gary: Ja, es ist Bewertung als eine höhere Quelle.

Dain: Meine Frage lautet: „Wie gut funktioniert das?"

Call-Teilnehmer: Gar nicht.

Gary: Das ist das Lustige daran – wir machen all dieses Zeug und es funktioniert nicht und wir machen immer weiter, als ob es irgendwie funktionieren würde. Sind wir die dümmsten Kreaturen auf dem Planeten oder was?

Call-Teilnehmer: Können wir noch ein paar Bewertungen PODen und POCen?

Gary:

Alles, was das ist, mal Gottzillionen, zerstört und unkreiert ihr das alles? Right and Wrong, Good and Bad, POD and POC, All 9, Shorts, Boys and Beyonds.

Call-Teilnehmer: Danke.

Gary: Lass es uns nochmal tun, Dr. Dain!

Dain:

Welche physische Verwirklichung der tödlichen und unabdingbaren Krankheit der Notwendigkeit erkennst du nicht als die überlegene Quelle für die Kreation des Nicht-Wahl-Universums an, von dem du glaubst, es kreiere und dominiere deine Realität? Alles, was das ist, mal Gottzillionen, zerstörst und unkreierst du das bitte? Right and Wrong, Good and Bad, POD and POC, All 9, Shorts, Boys and Beyonds.

Gary: Es gibt wichtige Aspekte hier:

1. Suchthaftes, Triebhaftes und Zwanghaftes tritt nur auf, wenn du

irgendetwas als notwendig erachtest. Du musst eine Notwendigkeit in Bezug auf irgendetwas schaffen, damit es suchthaft, triebhaft oder zwanghaft wird.

2. Oder du musst es zu einer Nicht-Notwendigkeit, Unnotwendigkeit oder Keine-Notwendigkeit machen, damit Suchthaftes, Triebhaftes und Zwanghaftes geschieht.

3. Die wahre Perversion im Leben ist Glück, Einssein und Bewusstsein. Das ist die Perversion in dieser Realität. Nichts ist so pervers wie wirkliches und vollkommenes Gewahrsein.

Wenn ihr wirklich über dieses Zeug hinwegkommen möchtet, müsst ihr vollkommenes Gewahrsein wählen. Ihr könnt alle Ablenkungsimplantate aus vollkommenem Gewahrsein heraus hinter euch lassen. Aber solange ihr nicht vollkommenes Gewahrsein anwendet, können diese Ablenkungsimplantate euch komplett kontrollieren. Bitte kapiert: Wenn es eine Notwendigkeit ist und keine Wahl, ist es kein Gewahrsein.

Dain: Ihr könnt eine Menge Freiheit erlangen, wenn ihr zusätzlich zum Anhören dieser Clearings in den nächsten beiden Wochen immer und immer wieder jedes Mal, wenn ihr merkt, dass ihr falsch liegt, Widerstand gegen etwas habt oder etwas verabscheut, euch fragt: „Wie viele Notwendigkeiten habe ich, die das kreieren?", und sie dann zerstört und unkreiert. POCt und PODet sie.

Je mehr ihr aus der Notwendigkeit herauskommt, umso mehr kommt ihr aus der Fähigkeit heraus, durch die Ablenkungsimplantate begrenzt, zerstört und unten gehalten zu werden. Sie werden nicht mehr dieselbe Wirkung auf euch haben wie früher, weil ihr aus der Wahl funktionieren werdet.

Gary: Eine Dame, die dieses Zeug mit der Notwendigkeit machte, entdeckte, dass sie sofort in die Wut ging, weil sie diese Notwendigkeit hatte, machtvoll zu sein. Als sie die Notwendigkeit, wütend zu werden, überwand und anfing sich anzuschauen: „Was ist meine Wahl hier?", löste sich die Wut sofort auf.

Sie hatte versucht, aus einer Position zu funktionieren, wo sie ein Gefühl von Macht hatte, und das wurde zu einem Ort, wo sie ihre Macht und Potenz hatte. Anstatt auf irgendetwas zu reagieren (wozu die Ablenkungsimplantate uns bringen sollen – uns zum Reagieren und nicht ins Handeln zu bringen), begann sie, aktiv zu werden. Das bewirkte große Veränderungen für sie selbst und ihren Körper und alle, mit denen sie sprach, und alle, mit denen sie interagierte.

Also ist es keine große Sache. Es ist einfach alles.

NOTWENDIGKEIT ODER WAHL?

Ihr werdet eine vollkommen andere Realität kreieren, wenn ihr anfangt, aus der Frage zu funktionieren: „Ist das eine Notwendigkeit oder eine Wahl?" Tut einfach alles, was ihr tut, aus dem Raum der Frage heraus, ob es eine Notwendigkeit oder eine Wahl ist. Ist es eine Notwendigkeit für euch, zum Frühstück Speck mit Eiern zu essen? Oder ist es eine Wahl? Ist es eine Notwendigkeit für euch Kaffee zu trinken, um wach zu werden? Oder ist es eine Wahl?

Dain: Ist es eine Notwendigkeit, Rohkost zu essen, damit ihr denkt, ihr seid gesund? Oder ist es eine Wahl?

Gary: Ist es eine Notwendigkeit, ordentlich zu essen, um euren Körper zu kreieren? Oder ist es eine Wahl?

Dain: Ich war heute früh beim Frühstück mit einem Typen, der für uns arbeitet und Interviews und anderes organisiert, während ich in Australien bin. Er schaute, was auf dem Frühstückstisch stand und sagte: „Du hast ein Interview mit einem Männergesundheitsmagazin vor dir und was hier steht, ist genau das, was sie sehen müssen."

Ich fragte: „Was meinst du?"

Er meinte: „Wie du isst und was du auf dem Tisch stehen hast und essen wirst – ist überhaupt nicht, wie es sein sollte."

Ich sagte: „Was denn? Meinst du meine Cocoa Puffs mit Knuspermüsli? Meine Eier mit Ketchup? Meinen Speck? Den Käse mit dem Fleisch drauf? Das Brot mit der Marmelade? Was meinst du? Ist das nicht die Art, wie man einen gesunden Körper kreiert?"

Alles, von dem wir beschließen, es sei eine Notwendigkeit, hält uns davon ab, andere Wahlen zu haben.

Gary: Und es gibt vieles, was wir von anderen als Notwendigkeit abkaufen, wie zum Beispiel, seine Kleidung anzuziehen. Nun, es ist keine Notwendigkeit, aber es könnte eine Wahl sein. Wenn es draußen kalt ist, könnte es eine gute Wahl sein, etwas Wärmeres zu tragen – aber ihr müsst fragen, ob ihr das aus Notwendigkeit tut oder aus der Wahl heraus.

Warum tut ihr, was ihr tut – in jedem Aspekt eures Lebens?

Ist es eine Notwendigkeit, nicht genug Geld zu haben? Oder ist es eine Wahl, nicht genug Geld zu haben? Fragt: „Mache ich das hier aus Notwendigkeit oder aus der Wahl heraus? Aus welcher Notwendigkeit funktioniere ich, die mich davon abhält, alles Geld zu haben, das ich gerne hätte? Ist es eine Wahl, kein Geld zu haben? Wow, ich hatte ja keine Ahnung."

Ihr müsst bereit sein, das Gewahrsein von Notwendigkeit oder Wahl zu haben. Bitte arbeitet in den nächsten beiden Wochen hiermit, weil es einige großartige Veränderungen für euch bewirken wird, wenn ihr dazu bereit seid.

Gibt es irgendwelche Fragen?

Call-Teilnehmer: Wir haben kaum über Abhängigkeit gesprochen, was interessant ist, da das ja so ein großes Thema ist. Was macht Sucht zu so einem großen Thema?

Gary: Was du beschlossen hast. Abhängigkeit ist kein großes Thema. Abhängigkeit ist die Reaktion, die du auf alles hast, als sei das wichtiger als dein Gewahrsein. Abhängigkeit ist, wie du Gewahrsein eliminierst.

Jede Abhängigkeit, die du kreiert hast, um eine Eliminierung deines

Gewahrseins zu kreieren, zerstörst und unkreierst du das alles? Right and Wrong, Good and Bad, POD and POC, All 9, Shorts, Boys and Beyonds.

Call-Teilnehmer: Ich möchte noch einmal wegen Schlaf etwas fragen. Anstatt zu sagen: „Ich muss so und so viel Schlaf kriegen, um den Körper zu kreieren, damit ich mich nicht müde fühle", sollte ich den Körper fragen: „Körper, brauchst du Schlaf? Wenn ja, wie viel?"

Gary: Nein, ich würde diese Frage nicht stellen. Ich würde fragen: „Ist es eine Notwendigkeit, so lange zu schlafen – oder ist es eine Wahl?" Es ist sehr einfach.

Dain und ich haben in der letzten Woche entdeckt, dass wir morgens zu einer Zeit aufgewacht sind, wo nicht so viele Leute in der Nähe sind, mit denen wir interagieren können, und das ist unsere generierendste und kreativste Zeit. Wir neigen dazu zu denken, beim Generierend- und Kreativsein ginge es darum, aufzustehen und etwas zu tun, anstatt diese generierende und kreative Energie zu nutzen, um eine Veränderung in dem Bereich unseres Lebens, unseres Business, unserer Realität oder unseren Körpern zu bewirken, um die wir noch nicht gebeten hatten.

Sobald du aufwachst, frage:

- Bin ich fertig mit Schlafen?

- Was geschieht hier?

- Ist dies meine generierende und kreative Zeit?

- Welche generierenden und kreativen Energien stehen mir jetzt zur Verfügung und wie kann ich sie nutzen, um mein Leben zu erweitern?

Genau das haben wir getan. Wir wachen auf, wir stehen auf und wir nutzen die generierenden und kreativen Energien, die wir zur Verfügung haben, um die verschiedenen Bereiche unseres Lebens zu erweitern und die Bereiche unseres Lebens zu verändern, die nicht genau so funktionieren, wie wir es gerne hätten.

Call-Teilnehmer: Danke, Gary.

Gary: Gerne geschehen.

Call-Teilnehmer: Gibt es einen Unterschied zwischen notwendig und Notwendigkeit?

Gary: Nicht wirklich.

Call-Teilnehmer: Okay, also machen beide dasselbe?

Gary: Ist es notwendig, dass ich meine Kinder von der Schule abhole? Wenn ich die Wahl hätte, würde ich die kleinen Scheißer da lassen ...

Teilnehmer: (lachen)

Gary: Wir machen es zu einer Notwendigkeit, sie abzuholen, weil wir nicht als schlechte Eltern angesehen werden möchten.

Call-Teilnehmer: Gibt es etwas zwischen Notwendigkeit und Wahl? Wenn man nicht in Notwendigkeit oder Wahl ist, wo ist man dann?

Gary: Du bist in irgendeinem Lala-Land, das nicht wirklich existiert. Es ist entweder eine Notwendigkeit oder eine Wahl; dies sind die beiden Orte, von denen aus wir derzeit funktionieren. Es gibt nichts zwischen Gewahrsein und Nicht-Gewahrsein, was das ist, was Notwendigkeit kreiert.

Call-Teilnehmer: Ich habe noch eine Frage über Schlaf. Wenn ich mehrere Nächte hintereinander nicht so viel Schlaf bekomme, wie ich gewöhnt bin, fühle ich mich ein wenig müde oder nicht ganz wohl in meinem Körper; ist diese Müdigkeit eine Notwendigkeit – oder wähle ich sie?

Gary: Wahrscheinlich hast du eine Notwendigkeit, eine bestimmte Anzahl an Stunden zu schlafen, oder die Notwendigkeit, dich auf eine bestimmte Art zu fühlen, wenn du aufwachst. Wenn ich aufwache und mich müde fühle, frage ich: „Körper, bist du wirklich müde?"

Er sagt: „Nein."

Ich frage: „Also gehört das jemand anderem?"

„Ja."

„Okay, gut!", und ich bin darüber hinweg.

In neunundneunzig Prozent der Fälle fragst du nicht: „Ist das meins?" Du nimmst an: „Ich bin müde!" Und gut, du magst müde sein – aber nicht *du* schläfst – nie. Nur dein *Körper* schläft. Also frage: „Körper, bist du müde?", und er sagt meistens: „Nein."

Die Notwendigkeit vieler Stunden Schlaf ist uns aufgezwungen worden. Als Kind wird einem gesagt, man müsse schlafen gehen, sonst wird man am nächsten Tag in der Schule müde sein. Das sind alles diese Dinge. Als kleines Kind wirst du nie müde ... bis du müde wirst und dann legst du dich hin, schläfst ein und bist weg. Du pennst einfach. Kinder legen sich nicht hin und versuchen zu schlafen wie Erwachsene.

Dies gilt auch für andere Dinge. Dain bemerkte, dass die Vorstellung, er müsse seinen Hormonhaushalt ändern, ihm als etwas aufgezwungen wurde, was er in seinem Alter tun sollte – aber das war nicht wahr für ihn. Dies gilt vielleicht auch für ein oder zwei von euch.

> Alles, was das ist, mal Gottzillionen, zerstört und unkreiert ihr all diese Notwendigkeiten bitte? Right and Wrong, Good and Bad, POD and POC, All 9, Shorts, Boys and Beyonds.

Call-Teilnehmer: Danke!

Gary: Gerne geschehen. Okay, Leute, wir sind am Ende unserer Zeit. Bitte denkt darüber nach, schaut es euch an und hört euch diesen Call wieder an, weil euch das viel mehr Klarheit geben wird. Danke, dass ihr alle heute Abend hier wart.

Dain: Danke euch suchthaften, triebhaften, zwanghaften, perversen und wunderbaren Leuten.

KAPITEL VIER

LIEBE, SEX, EIFERSUCHT UND FRIEDEN

Gary: Hallo zusammen. Heute sind die Ablenkungsimplantate Liebe, Sex, Eifersucht und Frieden unser Thema. Die Realität ist, dass keines davon tatsächlich auf dem Planeten Erde existiert.

LIEBE

Liebe hat etwa acht Billionen Definitionen und wenn du zu jemandem sagst: „Ich liebe dich", hat der andere eigentlich keine Vorstellung davon, worüber du sprichst. Er *denkt,* dass er eine Vorstellung hat, worüber du sprichst, denn von seiner Ansicht aus bedeutet *Liebe* x, y, z. Es hat nichts mit dem zu tun, was deine Ansicht oder Definition von Liebe ist.

Dain: Bei Liebe gibt es nicht nur die Definitionen, die man im Wörterbuch nachschlägt; es gibt auch alle möglichen Arten von Aktivierungen, wenn du es also von verschiedenen Leuten in verschiedenen Zusammenhängen hörst, bedeutet es unterschiedliche Dinge für dich.

Wenn du zu jemandem sagst: „Ich liebe dich", merkst du sofort, nachdem du es sagst, ein Zusammenziehen in seiner oder in deiner Welt. Es gibt eine energetische Aktivierung, die genau diese Worte hochzubringen scheinen, was immer die Kreation von mehr Begrenzung ist, nicht von mehr Möglichkeiten.

Gary: Wenn du zu deinen Kindern sagst: „Ich liebe dich", ist das dasselbe, als wenn du zu deinem Liebhaber sagst: „Ich liebe dich"? Ist es dasselbe oder etwas anderes? Was meinst du eigentlich, wenn du sagst: „Ich liebe dich"? Von wo aus funktionierst du? Von wo aus kreierst du? Das ist das Ablenkungselement dieses Implantats. Es geht darum, Verwirrung zu stiften; es geht nie darum, Klarheit zu schaffen.

> Alles, was du getan hast, um Liebe als das Ablenkungsimplantat des gesamten Universums zu kreieren, was dich davon abhält, wirklich Gewahrsein zu haben, zerstörst und unkreierst du das alles? Right and Wrong, Good and Bad, POD and POC, All 9, Shorts, Boys and Beyonds.

Dain: Wir neigen dazu, Liebe als so wertvoll zu kreieren, dass wir lieber die Liebe und die Verwirrung möchten, die mit ihr einhergeht, als die Klarheit und den Raum, der mit Gewahrsein einhergeht.

Gary: Das ist die ganze Idee hinter diesen Ablenkungsimplantaten. Sie sind dazu ausgelegt, einen Ort zu schaffen, wo du keine Ahnung hast, worum du eigentlich bittest. Du weißt nur, dass du um etwas bittest, das nicht geliefert werden sollte.

> All die Dinge, um die du gebeten hast, die nicht geliefert werden können, zerstörst und unkreierst du das alles bitte? Right and Wrong, Good and Bad, POD and POC, All 9, Shorts, Boys and Beyonds.

EIFERSUCHT

Also das ist Liebe. Eifersucht geht zurück auf Sankt Eifersucht den Göttlichen, was eine Sekte war, in der es darum ging, nicht zuzulassen, dass sich jemals etwas ändert. Es ging darum, an der physischen Form von etwas festzuhalten, damit es sich nie ändern oder auflösen sollte.

Man war eifersüchtig auf seine eigene Ausstattung, damit sie sich nicht auflösen oder weggehen würde oder in ihrer jetzigen Form aufhören würde zu existieren. Nichts im eigenen Leben konnte auseinanderfallen. Das war die ursprüngliche Definition von Sankt Eifersucht.

Dain: Ihr könntet euch die Dinge anschauen, wegen derer die meisten

Menschen eifersüchtig werden – Sex und Beziehungen, wenn jemand mit jemand anderem flirtet, wenn jemand Sex mit jemand anderem hat – und das Konzept wäre dann: „Meine Beziehung wird sich auflösen, wenn dies eintritt. Oh, nein! Meine Beziehung darf sich nicht ändern, denn sie ist so ein wichtiger Bestandteil meines Lebens."

Offensichtlich ist dies eine ganz andere Einstellung zur Eifersucht. Wenn ihr erkennt, dass es bei der Eifersucht um den Versuch geht, Dinge an Ort und Stelle zu halten, damit sie sich nicht verändern, beginnt dies, den Bereich der Eifersucht für euch auf eine ganz andere Art zu erschließen.

Wie viele von euch haben sich Sankt Eifersucht dem Göttlichen, verschrieben, um sicherzustellen, dass nichts in eurem Leben sich auflöst?

Alle von euch, die Eide, Schwüre, Gelübde, Lehnseide und Blutseide[7]und Verpflichtungen gegenüber Sankt Eifersucht dem Göttlichen, eingegangen sind, zerstört und unkreiert ihr das alles bitte, mal Gottzillionen? Right and Wrong, Good and Bad, POD and POC, All 9, Shorts, Boys and Beyonds.

Dain: Wie viele von euch sind den ultimativen Schritt gegangen und zu Sankt Eifersucht dem Göttlichen, geworden?

Gary: Nun, sie werden nicht wirklich zu Sankt Eifersucht dem Göttlichen; sie übernehmen die Rolle von Sankt Eifersucht dem Göttlichen.

Wie viele von euch haben euer Leben dem gewidmet, Sankt Eifersucht der Göttliche zu sein? Alles, was das ist, zerstört und unkreiert ihr das alles? Right and Wrong, Good and Bad, POD and POC, All 9, Shorts, Boys and Beyonds.

---

[7] Ein Lehnseid ist ein Versprechen aus der Feudalzeit, wenn zum Beispiel ein Leibeigener dem König Treue schwor und dafür Schutz erhielt. Ein Blutseid (wie er im Clearing Statement verwendet wird, A. d. Ü.) ist ein Lehnseid, der mit deiner physischen Struktur verschmolzen ist, sozusagen ein Blutseid auf Steroiden.

Sex

Lasst uns über Sex sprechen. Sex ist was? Sex ist, wenn ihr aufrecht geht, gut ausseht, euch gut fühlt und zeigt, was ihr habt. Es geht nicht um die Kopulation, die ihr habt. Leider definieren die meisten von uns Sex als Kopulation.

> Wann immer ihr Kopulation als Sex definiert, müsst ihr euch notwen-
> digerweise selbst falsch machen, wenn ihr gut ausseht, euch gut fühlt
> oder zeigt, was ihr habt. Alles, was das ist, mal Gottzillionen, zerstört
> und unkreiert ihr das alles? Right and Wrong, Good and Bad, POD
> and POC, All 9, Shorts, Boys and Beyonds.

Dain: Alle haben die Ansicht, dass Sex heißt, die Körperteile zusammen-
zubringen – aber wie viel von der Kopulation, die ihr in eurem Leben
hattet, hat sich angefühlt, als kreiere sie mehr Raum und einen größeren
Wunsch, gut auszusehen und euch gut zu fühlen und zu zeigen, was ihr
habt? Und wie viel davon hat weniger kreiert?

Gary:

> Überall, wo ihr abgekauft habt, dass weniger gleich Sex ist, und über-
> all, wo ihr verleugnet habt, dass gut auszusehen, sich gut zu fühlen, zu
> zeigen, was ihr habt, und ausgedehnt zu sein, tatsächlich Wahrhaftig-
> keit war, zerstört und unkreiert ihr das alles? Right and Wrong, Good
> and Bad, POD and POC, All 9, Shorts, Boys and Beyonds.

> Und überall, wo ihr beschlossen habt, dass, wenn ihr einfach kopu-
> lieren könntet, ihr viel mehr von diesem guten Aussehen, dem guten
> Gefühl und dem Herzeigen dessen, was ihr habt, bekommen würdet,
> dies aber nicht so funktionierte, sodass ihr nun eine weitere Gelegen-
> heit bekommen habt, in die Bewertung von euch zu gehen – daher das
> Ablenkungsimplantat in dieser Sache, zerstört und unkreiert ihr das
> bitte? Right and Wrong, Good and Bad, POD and POC, All 9, Shorts,
> Boys and Beyonds.

FRIEDEN

Das, was all dies in der Existenz hält, ist Frieden. Wo auf dem Planeten Erde seht ihr Frieden? Das ist nicht der Fall, richtig? Frieden gibt es nirgendwo.

Dain: Doch, es gibt ihn draußen in der Natur, wo keine Menschen sind.

Gary: Oh ja, das. Ansonsten gibt es keinen Frieden.

Also, überall in der menschlichen Rasse, wo Frieden das ist, was man sucht, und das ist, was man nicht hat, zerstört und unkreiert ihr das alles? Right and Wrong, Good and Bad, POD and POC, All 9, Shorts, Boys and Beyonds.

Die Sache am Frieden, die einzigartig und wahr ist, ist das grundlegende Wesen von euch als Wesen. Ihr habt ein Gespür für Frieden. Und mit dem Frieden kommen Freude und Möglichkeiten. Warum also ist Frieden ein Ablenkungsimplantat? Anstatt Frieden mit dem zu haben, was ist, versucht ihr, ein Problem zu erschaffen, damit ihr etwas habt, das ihr überwinden müsst, damit ihr den Frieden entdecken könnt, den ihr meint zu haben, sobald ihr das Problem überwindet.

Alles, was das ist, mal Gottzillionen, zerstört und unkreiert ihr das alles? Right and Wrong, Good and Bad, POD and POC, All 9, Shorts, Boys and Beyonds.

Frieden ist ein natürlicher Zustand. Und wenn ihr wirklich Frieden mit allem hättet, würdet ihr euren Partner dann davon abhalten, mit jemand anderem zu kopulieren? Oder wärt ihr bereit, es als einen Beitrag zu seinem Leben zu sehen, wenn er mit jemand anderem kopuliert?

Wann immer ihr versucht, ein Gefühl von Frieden zu haben, versucht ihr, einen Ort zu kreieren, wo es euch gut mit dem geht, was in eurem Leben vorgeht. Das ist, wenn es euch gut mit dem geht, was in eurem Leben geschieht, und ihr das Gefühl habt, ihr müsst dem keine Aufmerksamkeit schenken, was bedeutet, dass ihr kein Gewahrsein haben müsst. Und wenn ihr kein Gewahrsein habt, habt ihr dann Möglichkeit, Wahl und

Frage und Beitrag? Nein.

> Alles, was das ist, mal Gottzillionen, zerstört und unkreiert ihr das
> alles? Right and Wrong, Good and Bad, POD and POC, All 9, Shorts,
> Boys and Beyonds.

Frieden ist der Schlüssel, der euch an all diesen anderen Orten einschließt,
weil ihr nicht wirklich glaubt, dass Frieden existiert.

Ich habe vor Kurzem mit einem Mann gesprochen, der sagte: „Ich lasse
mich scheiden. Mein Leben ist vorbei. Es ist schrecklich. Ich liebe diese
Frau und möchte mit ihr zusammen sein."

Ich sagte: „Schwachsinn!"

Er meinte: „Was?"

Ich erwiderte: „Schwachsinn. Wann hast du diese Beziehung verlassen?
Vor mehr oder weniger als fünf Jahren?"

Er sagte: „Oh mein Gott, vor über fünf Jahren."

Ich sagte: „Vor sechs Jahren hast du die Beziehung verlassen und bist jetzt
sauer auf sie, weil sie sich einen Freund gesucht hat? Was redest du da,
Kumpel? Das ist total verrückt."

So in etwa funktionieren die Leute. Sie versuchen zu beweisen, dass sie
recht haben und der andere unrecht hat, was kein Frieden ist. Wirklicher
Friede wäre zu sagen: „Wenn ich nicht das Beste bin, was dir je begegnet
ist, suche dir jemand anderen." Das ist meine Ansicht.

> Alles, was das ist, mal Gottzillionen, zerstört und unkreiert ihr das
> alles? Right and Wrong, Good and Bad, POD and POC, All 9, Shorts,
> Boys and Beyonds.

Frieden gibt es nicht wirklich als Konzept auf dem Planeten Erde. Wo
seht ihr denn Frieden eintreten? Nur in der Natur gibt es ein Gefühl von
Frieden und sogar bei diesem Frieden gibt es Gewalt.

Frieden schließt Gewalt nicht aus, weil Frieden Teil des Einsseins ist, und Gewalt gehört auch zum Einssein. Bei einem Gefühl von Frieden gibt es immer ein Gleichgewicht der Natur, was ein Konzept ist, das auf diesem Planeten nicht existiert. In der menschlichen Rasse sollen alle leben, alle sollen Frieden haben, alle sollen nicht leiden und all das. Ist das so, wie die Welt, das Universum, die Realität ist? Wo kauft ihr eine andere Ansicht ab?

> Alles, was ihr getan habt, um eine andere Ansicht über Frieden abzu-
> kaufen, zerstört und unkreiert ihr das alles, mal Gottzillionen? Right
> and Wrong, Good and Bad, POD and POC, All 9, Shorts, Boys and
> Beyonds.

Frieden ist eines der Dinge, die bewirken, dass wir nicht erkennen, dass wir tatsächlich Wahl haben. Wenn ihr sagt, die Welt solle friedlich sein, und damit meint, dass nie jemand leiden sollte und es niemals Traurigkeit oder Unglück geben solle, erkennt ihr nicht an, dass die Menschen, die Traurigkeit und Unglück haben, die Menschen, die Missbrauch, Gewalt und all diese Dinge erfahren, dies tatsächlich wählen. Und sie mögen es!

Dain: Das ist nicht unbedingt leicht zu verdauen. Es ist nicht unbedingt etwas, das wir uns bewusst machen möchten. Das wäre sehr, sehr über-raschend.

Gary: Wenn man mit den Leuten hierüber spricht, macht ihre Energie ... zing!

Dain: Und eure Energie macht ziiinnggg!

> Welche physische Verwirklichung der nie endenden Krankheit des
> Friedens erkennt ihr nicht als die Perfektion der Kreation von Lie-
> be, Sex und Eifersucht als die totale und absolute Verringerung der
> menschlichen Rasse bis hin zum Vergessen an? Alles, was das ist, mal
> Gottzillionen, zerstört und unkreiert ihr das alles?

Gary: Wow, das ist bisher einer der besten Prozesse! Der gefällt mir!

Dain: Wow!

Call-Teilnehmer: Das mag vielleicht klar sein, aber ich habe gerade kapiert, das dieses Ablenkungsimplantat teilweise deswegen funktioniert, weil man, wenn man der Liebe hinterherrennt oder dem Frieden nachjagt oder von Eifersucht besessen ist, nicht man selbst sein kann. Man kann sich selbst nicht haben.

Gary: Tatsächlich kannst du dann nicht sein.

Call-Teilnehmer: Genau! Das ist eine Fantasie, um uns komplett und für immer von uns abzulenken.

Gary: Ja, denn solange ihr irgendeines dieser Ablenkungsimplantate als real abkauft, könnt ihr nicht wirklich *sein*. Das ist ihr Zweck – euch vom Sein abzuhalten – denn wenn ihr *sein* könntet, würdet ihr nichts davon wählen. Ihr würdet keinen Wert darin sehen.

Das ist wie der Typ, der meinte: „Oh, meine Beziehung! Ich will sie zurück!"

Ich sagte: „Du hast vor sechs Jahren aufgegeben, eine Beziehung mit dieser Frau zu haben. Du hast beschlossen, dass sie vorbei ist. Du hast beschlossen, dass du sie nicht willst. Du hast beschlossen, dass das nicht das Richtige für dich war. Und jetzt, wo sie mit jemand anderem weggeht, versuchst du zu beweisen, dass man dir Unrecht angetan hat und du das Opfer bist. Du versuchst zu beweisen, dass dir tatsächlich etwas daran liegt, was du vor sechs Jahren aufgegeben hast."

Jedes der Ablenkungsimplantate ist dazu entworfen, euch zum Opfer zu machen. Könnt ihr als unendliches Wesen wirklich ein Opfer sein? Nein. Ihr müsst dafür arbeiten.

Dain: Und bemerkt auch Garys Bereitschaft, diese Unterhaltung mit dem Mann zu führen. Wie viele von euch wären bereit gewesen, das zu sagen? Wie sehr geht es gegen alles in dieser Realität, eine solche Unterhaltung zu führen? Aber es war das Einzige, das Klarheit in diese Situation bringen konnte, weil es das war, was vor sich ging.

Gary: Es war, was wahr war. Der Typ lachte sogar. Er sagte: „Oh mein Gott, du hast recht."

Ich sagte: „Ja, ich weiß. Ich habe nicht recht, aber ich liege meistens richtig." Es gibt einen Unterschied zwischen recht haben und richtigliegen. *Recht* bedeutet, dass es etwas Falsches geben muss; *richtigliegen (Anm. d. Übers.: hier verwendet Gary den Ausdruck „be correct", der so viel wie richtigliegen bedeutet, mit „korrekt sein" aber nicht stimmig wiedergegeben werden kann)* bedeutet, dass alle anderen auch eine Ansicht haben können und man immer noch richtigliegen kann.

Alles, was das ist, mal Gottzillionen, zerstört und unkreiert ihr das alles bitte? Right and Wrong, Good and Bad, POD and POC, All 9, Shorts, Boys and Beyonds.

Gary: Lass uns das nochmal wiederholen, Dain. Ich denke, das ist cool.

Dain: Ja, ich auch.

Welche physische Verwirklichung der nie endenden Krankheit des Friedens erkennt ihr nicht als die Perfektion der Kreation von Liebe, Sex und Eifersucht als die totale und absolute Verringerung der menschlichen Rasse bis hin zum Vergessen an? Alles, was das ist, mal Gottzillionen, zerstört und unkreiert ihr das alles? Right and Wrong, Good and Bad, POD and POC, All 9, Shorts, Boys and Beyonds.

Gary: Lass uns das ein wenig abändern.

Welche physische Verwirklichung der nie endenden Krankheit der Lüge des Friedens erkennt ihr nicht als die Perfektion der gleichzeitigen Kreation und Zerstörung von Liebe, Sex und Eifersucht als die totale und absolute Verringerung der menschlichen Rasse bis hin zum Vergessen an? Alles, was das ist, mal Gottzillionen, zerstört und unkreiert ihr das alles? Right and Wrong, Good and Bad, POD and POC, All 9, Shorts, Boys and Beyonds.

Dain: Wow. Das ist so wahr. Das ist so interessant. Während Menschen das kreieren, was sie für Liebe halten, zerstören so viele es gleichzeitig. Dasselbe mit Sex, und auch mit Eifersucht.

Gary: Stimmt.

Dain: Wenn du irgendeines davon hast, versuchst du gleichzeitig, es zu zerstören. Wenn du den Teil mit der Eifersucht hast, versuchst du, das zu zerstören. Wenn du nicht die richtige Liebe hast, versuchst du, das zu zerstören, um zu versuchen, etwas anderes zu haben. Wenn du nicht den richtigen Sex hast, versuchst du, das zu zerstören, um etwas anderes zu haben.

Gary: Und während wir dabei sind, gibt es dann auch die Kreation und Zerstörung der Vorstellung von Frieden. Ihr habt keinen Frieden bei der Vorstellung, dass dieses eine Mal, wo ihr großartigen Sex oder wunderbare Liebe oder irgendetwas anderes Großartiges habt, genug ist. Ihr müsst immer mehr haben.

Dain: Was der Grund ist, warum wir die Lüge der Zeit abkaufen. Wir erkennen nicht, dass „wenn ich es einmal hatte, ich es noch immer bin".

Gary: Dass es „Ich *bin* das" heißt, und nicht „Ich habe es".

Dain: Wow, und das bringt uns dazu, alles außerhalb von uns zu suchen – die Liebe, die Bestätigung durch Sex.

Gary: Das Sein.

Dain: Ja, unser ureigenes Sein – ja, anstatt zu erkennen: „Ich bin das". Denn wenn du *etwas* bist, bist du *alles*. Die Frage ist: „Welchen Teil hiervon wähle ich gerade auszudrücken?"

Gary: Und „Welchen Teil davon wähle ich gerade nicht auszudrücken?"

Dain: Genau.

Gary: Okay, lass es uns nochmal probieren.

Welche physische Verwirklichung der nie endenden Krankheit der Lüge des Friedens erkennt ihr nicht als die Perfektion der gleichzeitigen Kreation und Zerstörung an?

Wir müssen das noch ein wenig abändern. Und zwar zu: „der Lüge und der Wahrheit des Friedens". Ich liebe es! Das ist doch mal verschachtelt.

Wir haben die Lüge und die Wahrheit und wir versuchen, beides zu leben.

Dain: Und gleichzeitig hat man die gleichzeitige Kreation und Zerstörung und versucht, beides zu leben.

> Welche physische Verwirklichung der nie endenden Krankheit der Lüge und der Wahrheit des Friedens erkennt ihr nicht als die Perfektion der gleichzeitigen Kreation und Zerstörung von Liebe, Sex und Eifersucht als die totale und absolute Verringerung der menschlichen Rasse bis hin zum Vergessen an? Alles, was das ist, mal Gottzillionen, zerstört und unkreiert ihr das alles? Right and Wrong, Good and Bad, POD and POC, All 9, Shorts, Boys and Beyonds.

Wow! Heiliges Taboulé, Batman! Ich habe mich immer gefragt, ob wir einen Prozess kreieren könnten, der alles aufschließt. Es ist gut möglich, dass wir ihn gefunden haben!

Gary: Das wäre lustig, oder?

> Welche physische Verwirklichung der nie endenden Krankheit der Lüge und der Wahrheit des Friedens erkennt ihr nicht als die Perfektion der gleichzeitigen Kreation und Zerstörung von Liebe, Sex und Eifersucht als die totale und absolute Verringerung der menschlichen Rasse bis hin zum Vergessen an? Alles, was das ist, mal Gottzillionen, zerstört und unkreiert ihr das alle? Right and Wrong, Good and Bad, POD and POC, All 9, Shorts, Boys and Beyonds.

Während wir diesen Prozess haben laufen lassen, ist mir aufgefallen, dass wir bei jedem dieser Ablenkungsimplantate mehr von dem erhalten, was uns vom Sein abhält. Dann kreieren wir die Opposition uns selbst gegenüber, die Opposition gegenüber dem Sein und Empfangen und die Opposition gegenüber totalem Gewahrsein über jeden Aspekt unseres Lebens und unserer Lebensweise. Es ist so, als ob jeder von uns auf ein höheres Level gebracht worden ist. Ich frage mich, was der nächste Level bringt.

Dain: Wow.

Welche physische Verwirklichung der nie endenden Krankheit der Lüge und der Wahrheit des Friedens erkennt ihr nicht als die Perfektion der gleichzeitigen Kreation und Zerstörung von Liebe, Sex und Eifersucht als die totale und absolute Verringerung der menschlichen Rasse bis hin zum Vergessen an? Alles, was das ist, mal Gottzillionen, zerstört und unkreiert ihr das alles? Right and Wrong, Good and Bad, POD and POC, All 9, Shorts, Boys and Beyonds.

Gary: Meine Güte, das ist großartig!

Call-Teilnehmer: Kannst du das Wort „Vergessen" erklären?

Gary: *Vergessen* ist der Ort, an dem nichts existiert. Das ist die Vorstellung, dass man etwas nehmen kann, das existiert, und es an einen Ort bringen kann, wo nichts existiert. Das ist die Vorstellung, dass die menschliche Rasse nicht existiert. Wenn wir aus der Vorstellung funktionieren, dass die menschliche Rasse nicht wirklich existieren kann, was können wir dann kreieren? Oder haben wir eine ständige Opposition gegenüber der Kreation und dem Generieren von dem, was als die Menschen und Humanoide, die wir wirklich sind, möglich ist? Hilft das?

Du musst dir das etwa 2.700 Mal anhören, um es zu kapieren. Das verstehe ich und es tut mir leid. Ich wünschte, ich könnte größere Klarheit hineinbringen, aber wenn ihr euch die Welt anschaut, seht ihr, dass die Menschen immer aus der Ansicht funktionieren, dass sie existieren wollen und nicht existieren können. Sie wollen hier sein, aber sie wollen nicht hier sein. Sie sind immer in Opposition zu irgendetwas in ihrer eigenen Welt. So viele Menschen sind in Opposition zu irgendeinem Teil dessen gewesen, wer und was sie sind. Kreiert das einen Ort, wo sie sein können, wer und was sie sind?

Call-Teilnehmer: Das hilft. Vielen Dank.

Gary: Gerne geschehen.

Call-Teilnehmer: Ich komme bei dem meisten hier mit, aber da gibt es einen Teil, bei dem ich Hilfe brauche. Wie würde es auf der Welt aussehen, wenn wir so wären? Nehmen wir an, man ist in der Phase in seinem Leben, wo alle aus dem Nest sind und die jüngeren Leute gerne Familien hätten. Bereitet uns das einfach auf ein brandneues Paradigma davon vor, was Beziehungen wären, damit die Kinder damit aufwachsen?

Gary: Eine Sache, die für mich real geworden ist, ist, dass Kinder sowieso eine andere Ansicht haben als wir. Als ich meine zweite Frau heiratete, hatte sie einen fünfzehnjährigen Sohn. Ich war eines Abends mit ihm im Whirlpool und sagte: „Wie fühlt es sich denn an, eine richtige Familie zu haben?"

Er meinte: „Was meinst du damit? Ich hatte schon immer eine richtige Familie. Meine Schwester, meine Mutter und ich sind eine richtige Familie."

Ich erkannte, dass das, was wir als eine richtige Familie definieren, die Begrenzungen dessen erschafft, was wir als Wahrheit haben können. Das ist die Ablenkung. Wir versuchen immer weiter, die seltsame Ansicht zu generieren, dass eine richtige Familie x, y, z bedeutet. Nach wessen Maßstab? Gemäß dieser Realität, gemäß dem, was wir im Fernsehen gesehen haben, gemäß dem, was wir in Büchern gelesen haben, in Comics, gemäß allen möglichen anderen Dingen, die nichts mit unseren Wahlen und nichts mit unserem Gewahrsein zu tun haben.

Das Gewahrsein meines Stiefsohns war, dass er, seine Schwester und seine Mutter eine richtige Familie waren, weil ihnen aneinander lag, weil sie füreinander da waren und weil sie bereit waren, einander ohne Bewertung einzubeziehen.

In diesem Moment erkannte ich: „Moment, also meine Definition von Familie ist keine wahre Definition. Es ist nur meine Definition." Bei jedem Aspekt einer Beziehung müsst ihr euch Folgendes ansehen:

- Was ist meine Definition?

- Was ist die Definition des anderen?

- Was ist die wahre Definition?

- Was wäre eine andere Definition?

Wir haben in jedem Aspekt unseres Lebens versucht zu definieren, was gemäß unserer oder jemand anderes Perspektive wahr und real ist. Zum Beispiel hatte ich, als ich jung und attraktiv war und Sex mit allen hatte, die Ansicht: „Wenn ich nicht der beste Sexpartner bin, den du haben könntest, solltest du mit jemand anderem zusammen sein. Wenn er besser ist als ich, geh mit ihm." Mir war nicht klar, dass das nicht normal war. Ich dachte, dies sei eine normale Ansicht, die man über Sex hat.

Dann war ich mit einem Mädchen zusammen und wir hatten fantastischen, fabelhaften, großartigen Sex und sie sagte: „Ich verlasse dich."

Ich meinte: „Was?"

Sie sagte: „Der Sex ist toll, aber ich will eine Beziehung."

Ich erwiderte: „Was? Ich verstehe nicht, wovon du sprichst."

Sie sagte: „Du bist besser im Bett als dieser Typ, aber dieser Typ wird mir sein Leben widmen."

Ich meinte: „Was?" Denn für mich ging es um Liebe, Sex, Eifersucht und Frieden. Ich hatte ein Gefühl von Frieden, wenn ich Sex mit ihr hatte. Das hatte ich sonst mit niemandem. Sie hatte ein Gefühl von Frieden, wenn sie Sex mit mir hatte, was sie sonst mit niemandem hatte; weil dies aber nicht zur Vorstellung einer Beziehung in dieser Realität passte, konnte es nicht für sie existieren.

Und ich dachte nur: „Ich verstehe nicht, wovon du sprichst."

Es konnte nicht existieren, weil sie es nicht gemäß der Ansicht von jemand anderem definieren konnte, die noch nicht einmal unbedingt ihre eigene war. Und sie konnte es definitiv nicht gemäß ihrer Realität definieren. All diese Ablenkungsimplantate definieren eure Realität – nicht durch euer Gewahrsein, sondern durch das von jemand anderem.

Dain: Eine andere Art, deine Frage zu beantworten, wäre zu fragen: „Wird dies das Beziehungsparadigma verändern, das zur Verfügung steht?" Ich würde sagen, die Antwort lautet „Ja"; zumindest gibt es eine Möglichkeit.

Viele Menschen gehen eine Beziehung ein, damit sie die Liebe bekommen, von der sie meinen, sie fehle ihnen, oder den Sex, von dem sie meinen, dass er ihnen fehlt. Und doch gehen sie in Opposition, weil es viele Menschen gibt, die sagen: „Ja, ich hätte gerne den Sex und ich hätte gerne die Liebe, aber ich möchte nicht wirklich verpflichtet oder gebunden sein." Nun, wie soll man das bekommen?

Momentan existiert das nicht in dieser Realität. Und in Wirklichkeit ist die einzige Art, Frieden zu haben, alles von sich selbst zu haben und niemanden zu brauchen. Dann könnt ihr in einer Beziehung sein oder Sex oder Kopulation mit jemandem haben und es kann ein Beitrag zu eurem Leben sein. Wenn ihr immer nach anderer Leute Realität schaut, um eure eigene zu finden, kann es keinen Frieden geben.

Einige Teenager und Collegestudenten der jüngeren Generation bringen gerade andere Paradigmen auf den Planeten. Sie machen es anders und das ist vielen älteren Leuten unangenehm, weil die jüngeren Leute sich auf Beziehungen, Sex und Kopulation einlassen, ohne dass etwas Nährendes, Fürsorgliches oder Arbeit involviert ist. Sie probieren etwas anderes aus, was bedeutet, dass sich etwas ändert. Wir sind vielleicht noch nicht so weit, aber auf jeden Fall ändert sich etwas auf der Erde.

Gary: Weil ihr Leute an diesen Ablenkungsimplantaten arbeitet, haben sich die Chancen verbessert, dass sich etwas Großartigeres zeigt. Ich bin dankbar, dass ihr bei diesen Calls seid. Und ich bin dankbar, dass wir überhaupt beschlossen haben, diese Calls zu machen.

Dain:

> Welche physische Verwirklichung der nie endenden Krankheit der Lüge und der Wahrheit des Friedens erkennt ihr nicht als die Perfektion der gleichzeitigen Kreation und Zerstörung von Liebe, Sex und Eifersucht als die totale und absolute Verringerung der menschlichen Rasse bis hin zum Vergessen an? Alles, was das ist, mal Gottzillionen, zerstört und unkreiert ihr das alles? Right and Wrong, Good and Bad, POD and POC, All 9, Shorts, Boys and Beyonds.

Call-Teilnehmer: Dain, was auch immer du vorhin gesagt hast, hat mich richtig getroffen und gleichzeitig habe ich dich nicht verstanden. Es war, als ob du Chinesisch sprichst und doch war es wirklich tiefgehend. Ich würde mich sehr freuen, wenn du das wiederholen könntest.

Dain: Danke. Du wirst dir die Aufzeichnung anhören müssen.

Gary: Etwa 500 Mal.

Call-Teilnehmer: Okay.

Dain: Wir schauen durch die Realitäten anderer Menschen, um zu versuchen, unsere Realität und uns selbst zu finden.

Ich habe vor einiger Zeit einen Kurs gegeben, bei dem es um das Aufschließen und Finden des wahren Glücks von sich selbst ging. Der Kurs basierte auf einigen Dingen, die ich gerade mit Gary machte. Es war sehr interessant für mich, weil mir klar wurde, dass ich etwas machte und praktisch alle anderen es auch taten. Ich hatte eine grundlegende Frage in meinem Kopf, und zwar:

- Was kann ich sein, das anders ist als ich, um das Glück zu finden, das ich wirklich bin?

- Was kann ich sein, das nicht ich ist, das mir erlauben wird, das Glück zu finden, das ich wirklich bin?

Aber man kann auch fragen:

- Was kann ich sein, das anders ist als ich, um den Frieden zu finden, der ich wirklich bin?

- Was kann ich sein, das nicht ich ist, das mir erlauben wird, den Frieden zu finden, der ich wirklich bin?

Von da aus haben die Menschen bisher funktioniert. Wenn ihr einfach diese Fragen stellt und es dann POCt und PODet, werdet ihr davon wegkommen zu versuchen, das zu tun. Wir sind bereits wir selbst und doch scheint das nicht zu funktionieren. Seit unserer Empfängnis haben wir geschaut, was wir anderes als wir selbst sein könnten, das uns erlauben würde, hier endlich glücklich zu sein und Frieden zu haben. Wir sind wirklich gut darin, durch die Realitäten anderer Menschen zu schauen und zu versuchen, sie nachzuahmen, zu versuchen, sie zu duplizieren, aber das passt nicht zu uns und es funktioniert nicht, weil das Einzige, was euch den eigenen Frieden und das eigene Glück geben wird, ist, alles von euch zu haben, ohne Bewertung.

Gary: Wir denken, Frieden sei ein Teil von uns. P-i-e-c-e ist nicht p-e-a-c-e (Anm. d. Übers.: Garys Wortspiel basiert auf dem Gleichklang der englischen Worte „piece", Englisch für „Teil", und „peace", Englisch für „Frieden"). Wir versuchen immer weiter, nach dem Teil von uns zu suchen, der fehlt, als ob wir, sobald wir eine Beziehung haben, ein Gefühl von Frieden und uns als Ganzes haben werden, da das Gefühl von Frieden eintritt, wenn der andere Teil von uns auftaucht.

Alles, was das ist, mal Gottzillionen, zerstört und unkreiert ihr das alles? Right and Wrong, Good and Bad, POD and POC, All 9, Shorts, Boys and Beyonds.

Als ich hörte, dass es Ablenkungsimplantate gibt, kapierte ich es. Ich sagte mir dann: „Okay, das ist ein Ablenkungsimplantat. POC und POD all das." Mir war nicht klar, dass die Mehrheit der Menschen nicht aus dieser Ansicht funktioniert. Sie versuchen immer zu schauen, *warum* es so ist oder *wie* das kommt oder *was* so ist.

Dain: Sie denken, wenn man es endlich herausbekommt, wird man es nicht mehr tun.

Gary: Ja.

Dain: Nein, das wird euch nur einen weiteren Grund geben, euch zu bewerten, dass ihr es noch nicht geändert habt.

Gary:

Welche physische Verwirklichung der nie endenden Krankheit der Lüge und der Wahrheit des Friedens erkennt ihr nicht als die Perfektion der gleichzeitigen Kreation und Zerstörung von Liebe, Sex und

Eifersucht als die totale und absolute Verringerung der menschlichen Rasse bis hin zum Vergessen an? Alles, was das ist, mal Gottzillionen, zerstört und unkreiert ihr das alles? Right and Wrong, Good and Bad, POD and POC, All 9, Shorts, Boys and Beyonds.

Wir müssen noch etwas hinzufügen: „bis hin zum Vergessen und der Auslöschung des totalen Seins".

Welche physische Verwirklichung der nie endenden Krankheit der Lüge und der Wahrheit des Friedens erkennt ihr nicht als die Perfektion der gleichzeitigen Kreation und Zerstörung von Liebe, Sex und Eifersucht als die totale und absolute Verringerung der menschlichen Rasse bis hin zum Vergessen und der Auslöschung des totalen Seins an? Alles, was das ist, mal Gottzillionen, zerstört und unkreiert ihr das alles? Right and Wrong, Good and Bad, POD and POC, All 9, Shorts, Boys and Beyonds.

Es ist, als ob wir ständig versuchen zu beweisen, dass wir Teil der menschlichen Rasse sind. Und wir betreiben Liebe, Sex, Eifersucht und Frieden als eine Art, das zu beweisen. Ihr verliebt euch in jemanden, also versucht ihr, ein Gefühl von Frieden innerhalb der Struktur eures Lebens zu kreieren, basierend auf dem Frieden, den anderen Teil von euch zu haben, den fehlenden Teil.

Ihr versucht, das zu kreieren, und endet dort, wo ihr versucht, alles zusammenzuhalten. Ihr versucht, die Eifersucht aufrechtzuerhalten. Ihr denkt, wenn ihr diese fixe Ansicht aufrechterhalten könnt, wird sich nichts ändern. Aber das ist alles ein Ablenkungsimplantat. Es ist dazu ausgelegt, euch in erster Linie vom Sein zu eliminieren. Großartig.

Dain: Brillant, Liebling, brillant!

Gary:

Überall, wo ihr diesen Haufen Mist abgekauft habt, und alles, was das ist, mal Gottzillionen, zerstört und unkreiert ihr das alles? Right and Wrong, Good and Bad, POD and POC, All 9, Shorts, Boys and Beyonds.

Welche physische Verwirklichung der nie endenden Krankheit der Lüge und der Wahrheit des Friedens erkennt ihr nicht als die Perfektion der gleichzeitigen Kreation und Zerstörung von Liebe, Sex und Eifersucht als die totale und absolute Verringerung der menschlichen Rasse bis hin zum Vergessen und der Auslöschung des totalen Seins an? Alles, was das ist, mal Gottzillionen, zerstört und unkreiert ihr das alles? Right and Wrong, Good and Bad, POD and POC, All 9, Shorts, Boys and Beyonds.

Call-Teilnehmer: Du hast gesagt, Sex ist, wenn man aufrecht geht, zeigt, was man hat, und alles von sich ist und dass es sich toll anfühlt. Mir scheint, dass ich da etwas reinlasse und es verdrehe oder mich zusammenziehe. Ich gehe zur Bewertung über oder kaufe die Bewertung anderer Leute ab. Kannst du darüber sprechen?

Gary: Das nennt man Extrapolation – und das nennt man Ablenkungsimplantate!

Dain: Jedes Ablenkungsimplantat ist dazu gedacht, dich in ein weiteres oder zu einem weiteren Ablenkungsimplantat zu bringen oder zu einem anderen Punkt der Begrenzung. Das ist wie ein Möbiusstreifen – aber nicht nur einer. Weißt du, was ein Möbiusstreifen ist? Das ist das Unendlichkeitssymbol. Das ist wie ein Möbiusstreifen, der aus Möbiusstreifen besteht.

Call-Teilnehmer: Ja.

Dain: Stelle dir einen Möbiusstreifen vor, der aus Möbiusstreifen besteht. Egal, wo du dich mit ihm verbindest, ist er so angelegt, dass er dich immer wieder auf den Möbiusstreifen der Begrenzung zurückbringt, die aus den Ablenkungsimplantaten selbst erwächst. Und der Grund, warum wir das alles tun, ist, weil …

Gary: Sie tragen einander alle gegenseitig bei. Sie tragen alle den Begrenzungen von dir bei. Sie kreieren keine Möglichkeiten.

Dain: Sie führen aufeinander zurück. Es gibt viele spirituelle Ausrichtungen und Selbsthilfepraktiken, die ihr in diesem Leben und anderen Leben angewendet habt, und sie basieren auf einem Teil eines Ablenkungsimplantatsszenarios. Zum Beispiel: Wie viele Menschen kennt ihr, die auf Liebe stehen? „Liebe wird uns retten. Liebe wird uns befreien. Liebe ist Gott. Liebe ist das Großartigste auf der Welt." Diese Menschen sind nicht mit der Realität verbunden. Sie möchten, dass alles Liebe ist, weil sie in irgendeiner Lebenszeit zu einer Sekte gehörten oder eine Sekte gegründet haben, die sagte: „Liebe ist der Weg, uns zu befreien." Aber leider ist es, weil diese Dinge immer wieder aufeinander zurückführen, unmöglich, von da aus Freiheit zu kreieren.

Also wird es Menschen geben, die denken, Liebe sei der Ausweg. Das ist noch lange nicht umfassend genug, denn sobald sie im Bereich Liebe Klarheit erlangen – und in der Regel haben sie keine Klarheit, sondern sehr viele Schlussfolgerungen – stoßen sie auf die anderen Ablenkungsimplantate, die sie direkt zu dem zurückschicken, worin sie begrenzt waren. Es basiert auf Liebe oder dann dreht es sich um Eifersucht oder dann wieder geht es um Sex, weswegen so viele spirituelle religiöse Lehren sagen: „Wenn ihr wirklich spirituell sein möchtet, hört mit dem Sex auf und hört auf, euren Körper zu genießen." Nur funktioniert das auch nicht, weil es nicht alles von euch einschließt.

Uns liegt daran, euch dahin zu bringen, dass ihr Freiheit mit all den Energien und Möglichkeiten haben könnt, die zur Verfügung stehen, anstatt wieder in die Spirale zurückgezogen zu werden, die kreiert wird, wenn ihr auf irgendeines dieser Ablenkungsimplantate aufspringt. Ergibt das Sinn?

Call-Teilnehmer: Ja, danke. Ich möchte in der Lage sein, dieser Sex und diese Freudigkeit zu sein, und merke, dass mir das, indem ich die Clearings laufen lassen und gewahr bin, gelingen wird – weil ich mich wirklich an die Bewertung binde.

Gary: Genau dazu ist ein Ablenkungsimplantat gedacht. Es ist dazu gedacht, dich in die Bewertung hineinzuziehen, nicht ins Gewahrsein. Wenn ihr merkt, dass ihr, wenn ihr Sex mit jemandem habt, mit dem es richtig toll ist, Sex zu haben, möchtet, dass all eure Freunde diese Großartigkeit auch erleben. Als ich Drogen, Sex und Rock-n-Roll lebte, war meine Ansicht: „Nun, wie kann ich meine Freunde dazu bringen, zu erfahren, wie toll es ist, mit dieser Person Sex zu haben?"

Meine Freunde fragten mich dann: „WAS willst du?"

Ich sagte: „Sie ist fantastisch im Bett. Wie könnt ihr das verpassen wollen?"

Sie meinten dann: „Bist du verrückt?"

Ich sagte: „Was meint ihr?"

Sie fragten: „Möchtest du diese Person teilen?"

Ich meinte: „Ja, und wenn ihr gut seid, möchte ich euch auch gerne teilen."

Sie sagten dann: „Du bist krank." Dann hörte ich auf zu teilen.

Dain: Das ist leider die gleiche Art von Erfahrung, die viele von uns gemacht haben, in welcher Weise das auch immer auftrat, die uns dazu gebracht hat, mit dem Teilen aufzuhören und damit, unsere Großzügigkeit zu sein, was Teil dessen ist, was das Leben wirklich freudvoll macht.

Wir haben so viel Zeit und Energie darauf verwendet, das abzuschneiden, was wahr an uns war, um zu versuchen, das wahr zu machen, was diese Ablenkungsimplantate als wahr hinstellen.

Als wir aufwuchsen, haben wir uns einen Finger abgeschnitten, und dann einen Zeh und dann noch einen Zeh, und dann haben wir uns eine Pobacke abgeschnitten. Und wir fragen uns, warum es so scheint, als funktionierten wir mit weniger als all unseren Fähigkeiten. Wir denken, dass wir genau da hingehen müssen und dies tun müssen, weil alle anderen dies für wahr zu halten scheinen.

Alles, was das ist, mal Gottzillionen, zerstört und unkreiert ihr das bitte? Right and Wrong, Good and Bad, POD and POC, All 9, Shorts, Boys and Beyonds.

Welche physische Verwirklichung der nie endenden Krankheit der Lüge und der Wahrheit des Friedens erkennt ihr nicht als die

Perfektion der gleichzeitigen Kreation und Zerstörung von Liebe, Sex und Eifersucht als die totale und absolute Verringerung der menschlichen Rasse bis hin zum Vergessen und der Auslöschung des totalen Seins an? Alles, was das ist, mal Gottzillionen, zerstört und unkreiert ihr das alles? Right and Wrong, Good and Bad, POD and POC, All 9, Shorts, Boys and Beyonds.

Call-Teilnehmer: Mir wird deutlich, wie diese drei Ablenkungsimplantate zusammenwirken. Es ist so, als ob man nicht nur eines nehmen kann. Sie gehören alle zusammen. Könnt ihr über Sex und Liebe als Ablenkungsimplantat sprechen? Und könnt ihr ein wenig mehr zu der Energie vom „sich verlieben" und „dann Sex haben" extrapolieren und wenn das dann wie eine Droge für einen ist?

Dain: Beim ersten Ablenkungsimplantat-Call haben wir darüber gesprochen, dass Wut eigentlich Potenz ist, und Potenz eigentlich die Realität ist, aber wenn ihr einem Teil der Potenz, der Wut, die eine ähnliche Schwingung hat, zustimmt und euch danach ausrichtet und nur ein „wenig ausgeschaltet" seid, euch das am Ende „in die Falle" lockt.

Es ist dasselbe mit Frieden. Frieden ist das, was für euch auf ganz ähnliche Art wahr ist wie Potenz. Wenn ihr aber irgendeinem Aspekt davon zustimmt und euch danach ausrichtet, lockt ihr euch selbst in die Falle, vom Ablenkungsimplantat Liebe, Sex und Eifersucht reingelegt zu werden.

Und was das „Sichverlieben" angeht, was wäre, wenn dies das ist, was ihr tatsächlich seid?

Gary: Die Vorstellung davon, „sich zu verlieben" ist hier das Ablenkungsimplantat. Es ist etwas, „dem du verfällst" (Anm. d. Übers.: Hier liegt wieder ein Wortspiel im Englischen vor, das den Ausdruck „fall in love", also wörtlich „in die Liebe hineinfallen" als stehende Redewendung verwendet). Es ist nichts, dessen du dir gewahr bist.

Dain: Und es ist nichts, was ihr nicht schon seid und wählen könnt zu sein.

Call-Teilnehmer: Ja. Es ist, als sei es kein natürlicher Zustand. Wie wenn man es fühlt, ist das so: „Das ist, wer ich bin." Es gibt eine Resonanz. Ja.

Dain: Anstatt zu *sein*, bringt euch dieses Ablenkungsimplantat ins *Fühlen*. Und ein Gefühl ist ein flüchtiger Zustand, der vorbeigeht, wie ihr wisst. Wenn es jedoch etwas ist, was ihr jeweils *seid*, kann es euch nie weggenommen werden.

Call-Teilnehmer: Was ist diese Energie, wenn man so voller Liebe ist, dass man einfach sagen muss: „Ich liebe dich"?

Dain: Ist es so, dass du so voller Liebe bist? Oder bist du so sehr voller Sein, das fehlinterpretiert und falsch angewendet worden ist? Ist dir aufgefallen, dass jedes Mal, wenn du so viel bist, dieser Drang da ist, das zu teilen?

Call-Teilnehmer: Genau!

Dain: Ich wollte immer die Dinge teilen, die ich entdeckt habe, die Erkenntnisse, die ich hatte, und die Räume des Seins, von denen ich herausfand, das sie zur Verfügung stehen, besonders nachdem ich mit Access Consciousness anfing, aber auch schon vor Access. Ich hatte zum Beispiel einen herrlichen Tag, an dem ich am Strand entlanglief, und egal, wie schnell ich rannte, mich nichts erschöpfen konnte. Ich sprintete, hatte viel Spaß und dann rannte ich an jemandem vorbei, der mich ansah. Ich wollte dann diese Energie mit seinem Körper teilen, weil sein Körper ganz wenig davon hatte. Und sobald ich versuchte, das mit ihm zu teilen, zog sich mein Universum auf dieselbe Größe wie sein Universum zusammen.

Wenn du teilst – und ich denke, das ist Teil dieser Sache mit dem Ablenkungsimplantat, die bei Liebe auftritt – wenn dein Universum größer ist als das des anderen, musst du dich in diesem bestimmten Bereich auf die Größe seines Universums zusammenziehen, um ihm das zu geben.

Das holt dich aus dem Ausgedehntsein heraus, das großartiger ist als das, wessen derjenige sich bewusst ist, und bringt dich dazu zu versuchen, etwas Kleineres zu sein, als du vorher warst, damit du es ihm geben kannst. Du bist dann schon nicht mehr großartiger als er. Du kommst nicht aus diesem herrlichen Raum, der du vorher gerade warst.

Gary:

Alles, was das ist und hochgebracht hat, mal Gottzillionen, zerstört und unkreiert ihr das alles? Right and Wrong, Good and Bad, POD and POC, All 9, Shorts, Boys and Beyonds.

Dain: Ich entschuldige mich, dass dies so ausführlich war.

Call-Teilnehmer: Nein, Dain, es war brillant, wie du da hindurchgetanzt bist. Geht das in beide Richtungen? Wenn man wirklich die Energie anerkennt, die das ist, dehnt sie sich aus?

Dain: Ja, aber an einen Ort, wo du sie nicht teilen musst.

Call-Teilnehmer: Man ist es einfach. Man ist einfach, was es ist?

GEFÜHL

Dain: Leute, bitte macht euch Folgendes klar. Das ist so eine wichtige Sache. Die meisten Menschen werden sich selbst nie eingestehen, dies zu sehen oder anzuerkennen. Jedes Mal, wenn ihr sagt: „Ich verspüre den Drang, dies zu teilen" oder „Ich fühle" in Bezug auf irgendetwas, POCt und PODet all das und fragt: „Was ist das Gewahrsein, das ich habe, das großartiger ist als dieses Gefühl?" Bei jedem Gefühl gibt es ein Gewahrsein, das ihr nicht bereit seid zu haben. Wir sagen das schon seit zwölf Jahren, aber niemand möchte das hören. Die Leute wollen sagen: „Ich fühle mich so voller Liebe." Nein, du bist tatsächlich gewahr, dass du gerade etwas bist, das großartiger ist.

Gary: Hier ist etwas, von dem ich gerne hätte, dass ihr es macht: Denkt an jemanden, an dem euch liegt, jemanden, an dem euch wirklich liegt, und macht das Gefühl unendlich größer als das Universum. Ist das Gefühl von Fürsorge tatsächlich größer, als ihr tatsächlich anerkennen möchtet?

Dain: Ja.

Gary: Das ist das Ausmaß an Fürsorge und Liebe, das ihr tatsächlich seid. Wir versuchen immer weiter, es auf die Version dieser Realität von Liebe zu verringern. Das ist das Vergessen und der Mangel an Sein, aus dem wir weiterhin zu kreieren versuchen.

Dain: Sogar deine Hunde wissen es!

Gary: Ja!

Call-Teilnehmer: *Mir scheint, dass es den Leuten manchmal, wenn sie sich verlieben, eigentlich hierum geht: „Ich habe die Antwort gefunden. Ich muss nicht mehr suchen!" Das scheint das Gegenteil dessen zu sein, wovon du sprichst. Es ist fast wie ein Kleinermachen.*

Gary: Nun, wenn du der Liebe „verfällst", fällst du in einen verringerten Zustand hinein.

Dain: Und auch in die Schlussfolgerung. Was damit einhergeht, ist eine kontextuelle Realität, in die die Leute hineinpassen möchten, einen Nutzen daraus ziehen möchten, sie wollen gewinnen und sie wollen nicht verlieren. Sich zu verlieben deckt all diese Punkte ab, nur schneidet es eure Bereitschaft ab, irgendetwas anderes zu sein, irgendetwas, das großartiger ist als das.

Ihr kommt zu der Schlussfolgerung „Ich habe endlich den Richtigen bzw. die Richtige gefunden! Ich habe endlich die Antwort gefunden! Ich passe endlich dazu, ich habe den Nutzen. Endlich gewinne ich. Endlich bin ich kein Loser mehr." Ihr versucht, da stehenzubleiben, was euch vom Weitergehen abhält, aber ihr als Wesen müsst euch ausdehnen, sonst zieht ihr euch zusammen und sterbt.

Wir alle versuchen, aufgrund dieser Realität zu Schlussfolgerungen zu kommen. Wir sagen: „Ooh … lass mich einen schönen, weichen Ort finden und dortbleiben!" Wenn ihr das tut, verfallt ihr immer etwas, das weniger ist als ihr.

Das ist in etwa wie der Sexaspekt dieses Ablenkungsimplantates. Wenn ihr merkt, wie es sich anfühlt, wenn ihr mit jemandem flirtet und er mit euch flirtet – hoffentlich wisst ihr alle, wie das ist – und ihr diese „Lebendigkeit" in eurem Körper bekommt, die ein Energiezustand ist, die eurem Körper immer zur Verfügung stehen sollte. Wir neigen dazu zu denken: „Oh, das hat mit jemand anderem zu tun!" oder „Oh, ich habe das nur, wenn ich Sex habe." Nun, was wäre, wenn es sogar großartiger sein könnte, ob ihr nun Sex oder Kopulation oder jemanden zum Kopulieren habt oder nicht?

Call-Teilnehmer: Ist das, was du vorher gemeint hast? Wenn wir diese Erfahrung machen, wenn wir die Energie haben, die in unserem Körper ist – und dies passiert oft, wenn wir mit jemand anderem zusammen sind – identifizieren wir das als etwas, das wir nur mit jemand anderem zusammen erfahren können? Sagst du, dass man, sobald man die Erfahrung einmal gemacht hat, diese Erfahrung ist?

Gary: Wenn du eine Erfahrung davon *hast, bist* du sie nicht wirklich. Wenn du bei irgendetwas anstrebst, eine Erfahrung zu machen, suchst du nach einer Art, zu bestätigen, was du als wahr beschlossen, geschlussfolgert und bestätigt hast, das vielleicht nicht wahr ist.

Dain: Der einzige Grund, warum du das haben kannst, was du als „die Erfahrung" bezeichnest, ist, weil du es bereits *bist*. Nur weil du es bist, kannst du die Erfahrung haben, und wenn du denkst: „Wow, ich *habe diese Erfahrung"*, anstatt: „Wow, ich *bin das"*, holst du dich selbst aus dem Sein davon heraus und bringst dich in das Bedürfnis nach jemand anderem, der das erfüllen oder dir bringen muss.

Du gehst auch in das Brauchen von jemand anderem hinein, als ob du, wenn du diese Person nicht hast, nicht diese wunderbaren Aspekte des Seins und der Verkörperung haben könntest, die du gerade hast und auf dem Wege bist zu werden. Ergibt das Sinn?

Call-Teilnehmer: Danke. Das ist so ein riesiger Unterschied!

Call-Teilnehmer: Wenn wir intim sind, wenn wir Kopulation oder Sex

haben, wie kommt es, dass wir das einfach zum Spaß machen können?
Wenn wir das außerhalb von uns suchen, was ist der Wert daran, Sex mit
anderen Leuten zu haben, die bereits diese Energie sind?

Dain: Du gehst von der Annahme aus „Wenn ich all dies sein kann, warum
brauche ich dann jemanden?" Es ist nicht so, dass ihr jemand anderen
braucht. „Wenn ich all das sein kann, brauche ich einen Körper!" Ihr
braucht keinen Körper. Ihr habt einen Körper kreiert, um damit spielen zu
können, Spaß damit haben, ihn genießen und Dinge erleben zu können,
die ihr ohne einen Körper nicht annähernd so leicht erleben könntet.

Gary: Ihr könnt es nicht erfahren und genießen, weil ihr kein Gefühl des
Friedens mit eurem Körper habt. Ihr habt kein Gefühl von Liebe und
Sex. Ihr kennt Eifersucht mit eurem Körper. Ihr habt all diese Dinge, von
denen ihr meint, sie haben zu müssen, basierend auf wessen Ansicht?

Dain: S' iss nich' eure Ansicht. Sie ist von jemand anderem.

Call-Teilnehmer: (lachen)

Dain:

> Welche physische Verwirklichung der nie endenden Krankheit
> der Lüge und der Wahrheit des Friedens erkennt ihr nicht als die
> Perfektion der gleichzeitigen Kreation und Zerstörung von Liebe,
> Sex und Eifersucht als die totale und absolute Verringerung der
> menschlichen Rasse bis hin zum Vergessen und der Auslöschung des
> totalen Seins an? Alles, was das ist, mal Gottzillionen, zerstört und
> unkreiert ihr das alles? Right and Wrong, Good and Bad, POD and
> POC, All 9, Shorts, Boys and Beyonds.

Call-Teilnehmer: Es gibt viele Kurse und Konferenzen auf der ganzen
Welt, die sich darauf konzentrieren, zu lehren, alle auf dem Planeten zu
lieben, die Liebe zu verbreiten und so weiter. Ist diese Version von Liebe ein
Ablenkungsimplantat?

Gary: Sie ist immer ein Ablenkungsimplantat, denn wenn sie euch dazu
bringen können, euch auf die Liebe zu konzentrieren, werdet ihr nicht

bemerken, dass sie euch umbringen. Okay, nächste Frage.

Dain: Möchtest du nicht mehr dazu sagen?

Gary: Nein, ich habe alles gesagt, was ich sagen wollte.

Teilnehmer: (lachen)

Gary: Jahrelang haben mir alle erzählt: „Nur die Liebe zählt, nur die Liebe, nur die Liebe." Hat meine Liebe zugenommen? Nein! Wie kann dann nur die Liebe wichtig sein, wenn die Liebe nicht zugenommen hat? Nichts ist besser geworden. Es ist nicht zu einer anderen Möglichkeit da draußen in der Welt gekommen. Ich persönlich habe dort keinen großen Wandel oder keine große Veränderung bemerkt. Also hat für mich die Aussage: „Nur die Liebe zählt" welchen Wert? Das ist die Vorstellung, dass es etwas Großartigeres als dich gibt, das du noch nicht einmal bemerkt hast.

Dain: Gutes Argument. Es gibt etwas Größeres als dich, das du noch nicht einmal bemerkt hast. Wie viel davon wird gegen euch verübt durch so viele der Techniken, die es gibt, und so viele Leute, die sagen: „Wir haben die richtigen Antworten. So muss man es machen."

Wenn es wirklich etwas Größeres als dich gibt, das du noch nicht bemerkt hast, solltest du, wenn du das Gewahrsein bekommst, dass es etwas gibt, das größer ist als du und das du noch nicht gewählt hast zu sein, dich leichter fühlen, etwa so: „Wow, es gibt mehr, das ich sein kann!" Daher rührt dieses ganze Zeug aber nicht. Sondern eher von: „Es gibt etwas Größeres als dich, und du bist es nicht."

Gary: Ich liebe den Teil mit „Du bist es nicht". Das klingt so gut.

Call-Teilnehmer: Es scheint da draußen eine weitverbreitete Ansicht zu geben, dass man in einer Partnerschaft sein muss, um zu wachsen, denn das zeigt einem, woran man arbeiten muss. Und man kann seine Kommunikation üben, wenn man in einer Partnerschaft oder Beziehung ist.

Gary: Danke für den größten Haufen Mist, den ich je in meinem Leben gehört habe. Welchen Teil deines unendlichen Wesens erkennst du nicht an, wenn du kein unendliches Gewahrsein hast? Es tut mir leid, Leute, ich liebe euch alle, aber ihr kauft nur einen mit Schokolade überzogenen Haufen Scheiße ab. Er schmeckt trotzdem nach Scheiße – also esst ihn nicht. Es gibt da draußen ein ganzes Universum, wo die Leute sagen: „Es ist dies, es ist das, es ist jenes." Ihr konzentriert euch auf „dies, das und jenes", und wie funktioniert euer Leben? Nächste Frage.

Call-Teilnehmer: Ich habe den Eindruck, dass, je mehr ich mir meiner selbst gewahr werde, meine Beziehung freudiger und leichter wird.

Gary: Ja, weil es dann um Möglichkeit, Wahl, Frage und Beitrag geht – und nicht darum, wie es sein *sollte*. All diese Ablenkungsimplantate sind dazu gedacht, euch zu geben, was sein *sollte*, weil ihr wählen werdet, was *sein sollte*, und scheitert, und dann müsst ihr euch dafür bewerten. Wenn ihr euch nicht bewerten müsst, welche anderen Wahlen stehen euch zur Verfügung?

Call-Teilnehmer: Hat es schon immer Eifersucht auf der Welt gegeben? In historischen Geschichten scheint es immer etwas mit Eifersucht zu tun zu haben. Gibt es keine Teile der Welt oder einer Generation, wo es nicht so viel Eifersucht gab?

Gary: Nein, es hat immer Eifersucht in der einen oder anderen Form gegeben. Wie wir schon sagten, geht es bei Eifersucht darum, dass sich nichts ändern soll. Das ist der Zweck von Eifersucht – dass sich nichts ändert. Es geht darum, dass sich die physische Struktur von niemandes Realität ändern soll. Das ist nicht dasselbe wie Neid, den die Menschen als Eifersucht fehlinterpretiert und falsch angewendet haben. *Neid* ist, wenn man will, was jemand anders hat. *Eifersucht* ist: „Ich will nicht, dass sich das verändert".

Die meisten von uns fehlinterpretieren und wenden falsch an, dass wir, wenn wir eifersüchtig sind, eigentlich etwas wollen, das jemand anders hat. Wir denken, was sie haben, würde mehr Spaß machen als das, was wir zu haben scheinen, was weniger Spaß macht als das, was wir haben würden, wenn wir bereit wären, es zu haben.

Alles, was das ist, mal Gottzillionen, zerstört und unkreiert ihr das alles? Right and Wrong, Good and Bad, POD and POC, All 9, Shorts, Boys and Beyonds.

Call-Teilnehmer: Ich bat meine Mutter, mit mir über Sex zu reden, als ich neunzehn war. Sie wurde rot und konnte mich nicht anschauen. Sie sagte, wir würden darüber sprechen, wenn ich heirate. Ich verlor meine Jungfräulichkeit mit meinem ersten Freund, der jetzt mein Mann ist, und das auf eine nicht sehr sanfte Art. Ich hasste das, und habe Sex nie genossen. Ich habe mich immer als Sexobjekt gefühlt.

Gary: Wenn du Sex aus dem Universum der Ablenkungsimplantate machst, geht es nie darum, deinen Körper zu genießen. Es geht darum, ein Objekt zu sein. Du siehst Sex aus der Perspektive, ein Objekt zu sein und eine Bewertung über Sex zu haben. Eindeutig.

> Wie viele „definitive Bewertungen" hast du über Sex, die dich davon abhalten, deinen Körper vollkommen zu genießen? Alles, was das ist, mal Gottzillionen, zerstörst und unkreierst du das alles? Right and Wrong, Good and Bad, POD and POC, All 9, Shorts, Boys and Beyonds.

Call-Teilnehmer: Wie ist Sex ein Ablenkungsimplantat? Ich erkenne, dass, wenn man keinen Sex mag, das einen davon abhält, präsent zu sein. Aber was ist, wenn man ständig Sex will oder er wie eine Droge ist? Könnt ihr darüber sprechen?

Dain: Nun, das ist die Sexualität von allem – das ist wie eine Droge, die dich davon abbringt, du zu sein. Das ist so, wenn du es die ganze Zeit willst, wenn du es die ganze Zeit brauchst. Dies geht zurück auf die Vorstellung, dass Sexualität ein Ort ist, wo du dich nicht voll empfangen kannst. Wenn Sex zu einer Droge wird, klingt das so: „Oh wow! Ich habe mich so gut gefühlt, als ich Sex mit dieser Person hatte! Ich fühle mich so gut, wenn ich Leute habe, mit denen ich Sex haben kann! Ich fühle mich so gut, wenn sie Sex mit mir haben."

In dieser Konstellation ist *Sexualität* gemeint, nicht die *Sexualness*, die dich über das Ablenkungsimplantat Sex hinausbringt. Was bist du nicht in dieser Situation, das, wenn du bereit wärst, es zu sein, deine Beziehung zu der Situation verändern würde?

Dain: Hilft das?

Call-Teilnehmer: Ja, und ich habe das Gefühl, dass da zwei Dinge hineinspielen, wie die Möbiusstreifen oder Quantenpartikel.

Gary: Nur, wenn du zwei Dinge kreierst, die zueinander in Opposition stehen, kannst du dich in Opposition dir selbst gegenüber bringen.

Call-Teilnehmer: Also wie funktioniert das?

Gary: Wahrheit, magst du Sex?

Call-Teilnehmer: Ja.

Gary: Ja, also was wird geschehen? Nur wenn du dich selbst in Opposition dir selbst gegenüber hältst, kannst du den Ort aufrechterhalten, wo du nicht fähig bist zu sein. All diese Ablenkungsimplantate und ihre andere Seite lassen dich glauben, du müsstest sie haben, und wenn du sie nicht hast, bist du falsch. Sie halten dich in einem ständigen Zustand der Opposition gegenüber dem, dass du tatsächlich du selbst bist. Du magst Sex, und wenn jemand wirklich Sex mag, turnt das dich und deinen Körper an?

Call-Teilnehmer: Ja.

Gary: Ja. Die meisten Leute auf der Welt benutzen Sex, um Bewertung zu kreieren, um ihre sexuelle Erregung hervorzurufen, was sich stark von dem unterscheidet, wovon wir sprechen. Du musst dahin kommen, dass du fragst: „Mag ich Sex? Ja oder nein?"

Call-Teilnehmer: Ja.

Gary: Okay, dann wirst du dadurch angeturnt werden müssen, dass jemand anderes Körper angeturnt ist. Das ist Sex für dich. Und wenn jemand keine Bewertung verwendet, die sexuelle Erregung hervorruft, wirst du wahrscheinlich feststellen, dass du und dein Körper mehr angeturnt sind als bei neunundneunzig Prozent der Menschen da draußen.

Call-Teilnehmer: Ja.

Gary: Also ist die gute Nachricht, dass du einfach eine Schlampe bist.

Call-Teilnehmer: (lacht) Ich denke, meine Frage dreht sich um das Präsentsein in der Intensität des Schlampenseins.

Gary: Ja, das verstehe ich. Du sagst, dass du, wenn du auf diese Ablenkungsimplantate stößt, eine Schwere und Zusammengezogenheit spürst. Das ist, wo du in das Ablenkungsimplantat hineingehst anstatt in die Möglichkeit, die die Intensität des Gewahrseins dir gibt.

Call-Teilnehmer: Also geht es eher um die Intensität des Gewahrseins von dem, was ich weiß, dass es möglich ist?

Gary: Ja, und du musst bereit sein zu fragen: „Ist dies eine Intensität, die erweiternd ist? Oder ist dies eine Intensität, die zusammenzieht?" Wenn sie zusammenziehend wirkt, ist es ein Ablenkungsimplantat. Wenn sie erweiternd wirkt, ist sie es nicht.

Call-Teilnehmer: Ich muss einfach größer werden.

Gary: Japp.

Call-Teilnehmer: Cool.

DEPRESSION

Call-Teilnehmer: Ich war überrascht, dass Traurigkeit und Depression keine Ablenkungsimplantate sind. Ganz besonders Depression hat ja etwas von Möbiusstreifen an sich. Ich bin erst vor Kurzem aus einer Depressionsphase herausgekommen und habe mich erinnert, dass dies manchmal als nach innen gerichtete Wut bezeichnet wird.

Gary: Ist das eine Wahrheit? Oder ist das eine Lüge, die erzählt wird, um dich glauben zu machen, dass Depression real für dich ist? Depression ist in der Regel unser Gewahrsein von jemand anderes Zeug. Wahrheit, bist du mit jemandem aufgewachsen, der die ganze Zeit deprimiert war?

Call-Teilnehmer: Nein.

Dain: Ist das wahr?

Gary: Du hast mich gerade angelogen.

Call-Teilnehmer: Nun, meine Mutter war nicht die ganze Zeit deprimiert. Sie hatte eine Depression, die sie später erkannte, aber sie wusste nicht, dass es eine Depression war, als ich aufwuchs.

Gary: Nein. Sie hat es nicht als Depression anerkannt, während du groß wurdest. Sie war ihr ganzes verflixtes Leben lang deprimiert. Und sie hat es möglicherweise von jemandem abgekauft, den sie kannte, der deprimiert war.

Call-Teilnehmer: Möglicherweise.

Dain: Hast du gemerkt, dass sie sich leichter anfühlte, sobald du das gesagt hast?

Gary: Die Realität ist, dass du mit jemandem aufgewachsen bist, der deprimiert war, und dein ganzes Leben mit dem Versuch verbracht hast, ihr das abzunehmen. Ja oder nein?

Call-Teilnehmer: Ich kann mich nicht wirklich daran erinnern, aber ich bekomme ein Ja.

Gary: Es geht nicht um die Erinnerung, sondern um das Gewahrsein, aus dem du funktionieren solltest. Wenn du in der Gegenwart von jemandem bist, der deprimiert ist, und versuchst, ihm das abzunehmen, und er das nicht zulässt, wirst du dein ganzes Leben damit verbringen zu versuchen, anderen ihre Depression abzunehmen, und es wird nie funktionieren.

Alles, was du getan hast, um die Traurigkeit und Depression anderer zu nehmen und zu deiner zu machen, zerstörst und unkreierst du das bitte, mal Gottzillionen? Right and Wrong, Good and Bad, POD and POC, All 9, Shorts, Boys and Beyonds.

Ich möchte, dass du das verstehst – du bist von Grund auf glücklich.

Wenn du die Traurigkeit und Depression anderer Leute übernimmst, wie funktioniert das für dich?

Call-Teilnehmer: (lacht)

Gary: Das war wahrscheinlich für einige von euch da draußen zutreffend. Ihr habt möglicherweise dieses abscheuliche und fürchterliche Problem mit dem Namen: „Ich bin von Grund auf glücklich."

Überall, wo ihr dieses Problem gehabt habt, zerstört und unkreiert ihr das alles? Right and Wrong, Good and Bad, POD and POC, All 9, Shorts, Boys and Beyonds.

Dain: Die Leute werden euch erzählen: „Depression ist nach innen gerichtete Wut" oder „Es ist dies und es ist das". Sie schauen nicht von einem Ort der Leichtigkeit des Seins aus, der tatsächlich ist. Sie schauen aus der Ansicht dieser Realität.

Gary: Sie versuchen, nichts infrage zu stellen. Sie versuchen, zu einer Schlussfolgerung und einer Antwort zu kommen.

Dain: So als ob sie, wenn sie die richtige Schlussfolgerung finden können, bei der Veränderung des Problems helfen können. Was wäre, wenn Depression eigentlich kein Problem wäre? Was wäre, wenn Depression für euch ist wie ADS, ADHS, Zwangsstörung und Autismus, die die Kinder haben, mit denen wir arbeiten? Wir lassen sie wissen, dass es kein Problem ist; es ist eine Großartigkeit, die diese Realität nicht erkennt.

Gary: Wenn ihr wirklich die Großartigkeit anerkennen würdet, die ihr habt und die Fähigkeit, glücklich zu sein, müsstet ihr tatsächlich glücklich sein. Also gebt es auf.

Dain: Und wenn ihr anerkennen müsstet, dass ihr gewahrer seid als die Leute, die euch erzählen, wie verkorkst ihr seid, wäre das wirklich schlecht, denn dann müsstet ihr das nicht abkaufen.

Call-Teilnehmer: Ich habe niemanden, der mir erzählt, dass ich verkorkst bin. Ich sage es mir selbst.

Gary: Nun, das ist das Schöne daran. Du kannst dir das den ganzen Tag erzählen; andere können es dir nur einmal am Tag sagen.

Es ist in Ordnung, wenn man glücklich ist

Call-Teilnehmer: Ich kriege Wellen der Übelkeit und möchte am liebsten weinen und weiß nicht warum. Könnt ihr bitte ein Clearing mit mir machen?

Gary: Liebes, Liebes, gehört das wirklich dir?

Call-Teilnehmer: Nein, ich kann es einfach fühlen.

Gary: Nur, weil du es fühlen kannst, heißt das nicht, dass es real ist. Es ist dasselbe schreckliche Problem, über das wir bei der letzten Frage gesprochen haben. Es nennt sich: „Du bist tatsächlich glücklich."

Call-Teilnehmer: (lacht)

Gary: Die gute Nachricht ist, dass du, weil du das Unglücklichsein anderer fühlen kannst, annimmst, es müsse deines sein.

Call-Teilnehmer: Du hast recht, danke.

Gary: Gerne geschehen.

> Alle von euch, die weiterhin versuchen, euch selbst so unglücklich wie alle anderen zu machen, damit ihr so unglücklich sein könnt, wie sie beschlossen haben sein zu müssen, damit ihr wie andere Leute sein könnt, damit es euch so schlecht geht wie allen anderen, die denken, es sei richtig, dass es einem schlecht geht, damit ihr nicht so anders sein müsst, wie ihr wirklich seid, und ständig so glücklich, während es allen anderen schlecht geht, und damit ihr ihnen nicht erzählen müsst, wie glücklich ihr seid, zerstört und unkreiert ihr das alles? Right and Wrong, Good and Bad, POD and POC, All 9, Shorts, Boys and Beyonds.

Dain:

Welche physische Verwirklichung der nie endenden Krankheit der Lüge und der Wahrheit des Friedens erkennt ihr nicht als die Perfektion der gleichzeitigen Kreation und Zerstörung von Liebe, Sex und Eifersucht als die totale und absolute Verringerung der menschlichen Rasse bis hin zum Vergessen und der Auslöschung des totalen Seins an? Alles, was das ist, mal Gottzillionen, zerstört und unkreiert ihr das bitte alles? Right and Wrong, Good and Bad, POD and POC, All 9, Shorts, Boys and Beyonds.

Call-Teilnehmer: Ich habe festgestellt, dass häufig die Humanoiden Depressionen haben. Sie wissen nicht, dass es in Ordnung ist, sie selbst zu sein. Sie schneiden diesen Teil von sich selbst ab.

Gary: Es ist wie ein Dschungel, und es ist in Ordnung, glücklich zu sein.

Call-Teilnehmer: Ja, und was, wenn man man selbst sein könnte, und für sich wählen und nicht versuchen würde, in ihr Leben zu passen? Wow, wirklich? Okay!

Gary:

Es macht mehr Spaß unglücklich zu sein als glücklich zu sein. Es muss so sein – denn alle tun es. Warum solltest du es nicht tun? Alles, was das ist, mal Gottzillionen, zerstört und unkreiert ihr das alles? Right and Wrong, Good and Bad, POD and POC, All 9, Shorts, Boys and Beyonds.

Dain:

Welche physische Verwirklichung der nie endenden Krankheit der Lüge und der Wahrheit des Friedens erkennt ihr nicht als die Perfektion der gleichzeitigen Kreation und Zerstörung von Liebe, Sex und Eifersucht als die totale und absolute Verringerung der menschlichen Rasse bis hin zum Vergessen und der Auslöschung des totalen Seins an? Alles, was das ist, mal Gottzillionen, zerstört und unkreiert ihr das alles? Right and Wrong, Good and Bad, POD and

POC, All 9, Shorts, Boys and Beyonds.

Call-Teilnehmer: Wie kann ich Liebe als Wahl haben und nicht als Notwendigkeit?

Gary: Das ist keine Frage. Das ist eine Aussage mit einem angehängten Fragezeichen. Was du stattdessen fragen solltest, ist: „Tue ich dies aus Notwendigkeit – oder aus der Wahl heraus?" Wenn du jemanden aus der Wahl heraus liebst, nicht aus Notwendigkeit, würde es dann eine andere Möglichkeit in deinem Leben geben? Auf keinen Fall ... oder vielleicht doch!

Call-Teilnehmer: Wann sind Sex und Liebe ein Ablenkungsimplantat und wann nicht?

Gary: Sex und Liebe sind immer ein Ablenkungsimplantat, weil es nie um die Fragen geht: „Oh, würde ich dies gerne tun?" oder „Würde ich das gerne nicht tun?" oder „Was muss ich tun, um hier rauszukommen?" Das ist eine Wahl. Ihr müsst fragen: „Ist dies eine Notwendigkeit oder eine Wahl?" „Ist es eine Notwendigkeit, dass mich der andere am Morgen anruft? Ja oder nein?" Nein? Prima! „Das hat Spaß gemacht! Vielen Dank. Bis später – tschüss."

Call-Teilnehmer: Wie zeigt sich das und holt uns aus dem Gewahrsein? Ich habe vor Kurzem einen Typen getroffen. Mein Körper scheint in seiner Nähe wirklich angeturnt zu sein, aber wenn ich nicht in seiner Nähe bin, habe ich kein Interesse, den Kontakt aufrechtzuerhalten.

Gary: Das nennt sich guter Sex. Du hast recht. Mach dir keinen Kopf darüber. Er ist sehr einfach gestrickt und seine ganze Konzentration liegt auf dem physischen Aspekt, den ihr füreinander sein könnt. Ignoriere ihn und genieße den Sex.

Call-Teilnehmer: Könnt ihr über meine spezielle Situation sprechen und ob sie ein Ablenkungsimplantat ist oder nicht?

Gary: Es ist kein Ablenkungsimplantat, wenn du es einfach genießt und nicht wieder darüber nachdenken musst. Wenn du ständig daran denken musst, ist es ein Ablenkungsimplantat. Bitte mach dir das klar: Wenn du ständig daran denken musst, ist es ein Ablenkungsimplantat. Wenn du ständig daran denken musst, ist es ein Ablenkungsimplantat. Wenn du ständig daran denken musst, ist es ein Ablenkungsimplantat.

Wenn du ständig daran denken musst, ist es ein Ablenkungsimplantat. Und wenn du keine Energie spürst, bist du im Ablenkungsimplantat.

Call-Teilnehmer: Ich mag Sex und bin nicht bereit, ihn aufzugeben.

Gary: Wer hat gesagt, dass du das musst?

Dain: Genau.

Call-Teilnehmer: Wie kann ich Sex als Teil meines Lebens haben, ohne dass er eine Ablenkung ist?

Gary: Genau so, wie du ihn hast. Wenn du sagen kannst: „Vielen Dank! Bis später!", machst du ihn nicht aus einem Ablenkungsimplantat heraus.

Alles, was das für alle anderen hochgebracht hat, zerstört und unkreiert ihr das alles, mal Gottzillionen? Right and Wrong, Good and Bad, POD and POC, All 9, Shorts, Boys and Beyonds.

Call-Teilnehmer: Ich habe einen von euch sagen hören, es gebe Hunderte von Arten, wie man jemanden lieben kann. Das hat mir geholfen zu verstehen, dass es meiner Mutter gar nicht möglich war, mich so zu lieben, wie ich es „gebraucht" hätte. Also habe ich bei anderen danach gesucht, ich habe versucht, mich selbst zu lieben, zumeist, indem ich mich weniger bewertet habe. Kann ich noch etwas tun?

Gary: Ablenkungsimplantate kreieren Bewertung. Das ist ihr einziger Zweck. Wenn du Selbstliebe, Sex mit dir selbst, Frieden mit dir selbst, Eifersucht auf dich selbst oder irgendjemand anderen betreibst, bist du nicht wirklich. Der Zweck aller Ablenkungsimplantate besteht darin, euch vom Sein abzuhalten, und Liebe ist eine Sache, die uns vom Sein abhält, denn wenn ihr wärt, hättet ihr nur Dankbarkeit; ihr würdet nicht lieben.

Alles, was das ist, mal Gottzillionen, zerstört und unkreiert ihr das alles? Right and Wrong, Good and Bad, POD and POC, All 9, Shorts, Boys and Beyonds.

Call-Teilnehmer: Ich habe eine Ablenkung, die sich „aber" nennt. Das lenkt mich die ganze Zeit ab. Könnte „aber" eine Unterstützung für die Ablenkungsimplantate sein?

Gary: „Aber" ist eine Rechtfertigung für alles, was du wählst. Es ist das, was du nutzt, um zu rechtfertigen, was du wählst, als ob du durch die Rechtfertigung deiner Wahl das Gewahrsein darüber erlangst, was du wählst, so als sei das, was du wählst, dann richtig, und das „aber" ist die Art, wie du immer recht hast und nie unrecht.

Dain: Ich muss hier das Offensichtliche ansprechen: Wenn dein Kopf so tief im „aber" steckt (Anm. d. Übers.: hier macht Dain ein Wortspiel mit „but", was „aber" heißt, und dem gleichklingenden „butt", also „Hintern"), könnte das eine Ablenkung sein zu wissen, wohin du gehst.

Teilnehmer: (lachen)

Dain: Das musste ich sagen, sorry.

Welche physische Verwirklichung der nie endenden Krankheit der Lüge und der Wahrheit des Friedens erkennt ihr nicht als die Perfektion der gleichzeitigen Kreation und Zerstörung von Liebe, Sex und Eifersucht als die totale und absolute Verringerung der menschlichen Rasse bis hin zum Vergessen und der Auslöschung des totalen Seins an? Alles, was das ist, mal Gottzillionen, zerstört und unkreiert ihr das alles? Right and Wrong, Good and Bad, POD and POC, All 9, Shorts, Boys and Beyonds.

Call-Teilnehmer: Ich habe bemerkt, dass ich eifersüchtig werde, wenn mein Mann andere Frauen anschaut und sie attraktiv findet. Wie kann ich das verändern?

Gary: Wenn das geschieht, nimm ihn mit nach Hause und ficke ihn sofort bis zum Umfallen. So veränderst du die Situation.

Dain: Aber bevor du das tust, sage: „Das ist, was Gary und Dain empfohlen haben." Dann wird er uns auch mögen.

Teilnehmer: (lachen)

Call-Teilnehmer: Ich hätte diese Situation gerne als eine interessante Ansicht, aber wenn das passiert, vergleiche ich mich mit den anderen Frauen – und ziehe immer den Kürzeren. Ich fühle mich hässlich und unzureichend und ich hasse die Frauen, von denen ich beschlossen habe, sie seien hübscher, sexyer und klüger.

Gary: Du verstehst da etwas nicht. Dein Mann benutzt andere Frauen, um sich zu stimulieren. Er ist ein Stimulator. Wenn du es für dich zum Funktionieren bringen möchtest, dass er sich stimuliert, frage „Hättest du gerne Sex mit der da? Hättest du gerne Sex mit der da? Hättest du gerne Sex mit der da? Möchtest du nach Hause gehen und Sex haben?"

Ja – denn er kann sie nicht haben und er hat dich schon. Er möchte lieber dich haben, denn er ist schon mit dir zusammen. Mädchen, du bist eine Idiotin.

Dain: Da ist noch etwas, was du dir ansehen solltest. Es klingt vielleicht ein wenig seltsam, aber spüre mal hinein und schaue, ob du ein Gewahrsein dazu bekommst. Wie sehr hättest du eigentlich gerne Sex mit den Frauen, die er anschaut, und du fühlst dich davon ausgeschlossen? Anders ausgedrückt, es gibt da eine Wettbewerbsenergie, die gesteigert wird, wenn du nicht anerkennst, dass irgendwo in deiner Welt ihr Körper oder wie sie sind oder wie sie aussehen, auch für dich stimulierend ist.

Ich weiß, dass dies seltsam klingen mag, aber es ist einer der größten Aspekte von Sex als Ablenkungsimplantat. Du siehst sie an und sagst: „Sie haben einen weiblichen Körper und ich bin nicht homosexuell und das trifft nicht zu und das kann ich nicht tun, bla, bla, bla."

Weißt du was? Wenn du am Leben bist, wird dein Körper bei allen Leuten, die Anziehungskraft haben, die Energie ziehen, die etwas Sinnliches an sich haben, angeturnt werden.

Gary: Und wenn du nicht am Leben bist, wirst du nicht angeturnt werden, also kannst du dich ebenso gut umbringen.

Dain: Der Sex, den du nicht bereit bist mit jemandem zu haben, kreiert eine der größten Mauern und Barrieren, wenn du dir nicht erlaubst, dir das auszumalen oder es anzuerkennen. Wenn du dir etwas ausmalst, wirst du dir der Energie bewusst, die durch die Wahl kreiert werden würde, die du triffst. Schau, ob da was ist. Versuch es. Erkenne an, dass es da sein könnte. Und dann frage: „Wie wäre es, wenn da was wäre?" Male es dir ein paar Minuten lang aus und schau, ob du bereit bist, diese Barrieren herunterzufahren, und ob du mehr von dir spürst.

Gary: Nun, ich hasse es, das zu sagen, Leute, aber unsere Zeit ist um.

Ihr *müsst* Liebe, Sex, Eifersucht und Frieden nicht haben. Ihr könnt tatsächlich Frage, Wahl, Möglichkeit und Beitrag haben.

> Welcher Beitrag ist das Ablenkungsimplantat für euer Leben, und welche Verringerung eures Lebens ist es? Ist der Beitrag zur Verringerung von euch das, was ihr wirklich möchtet? Alles, was das ist, mal Gottzillionen, zerstört und unkreiert ihr das alles? Right and Wrong, Good and Bad, POD and POC, All 9, Shorts, Boys and Beyonds.

Ich hoffe, das hilft euch allen. Bitte macht euch klar, dass diese Ablenkungsimplantate nicht in eurem besten Interesse sind. Sie sind alle darauf ausgelegt, euch kleiner zu machen und dazu zu bringen, dass ihr euch bewertet.

Wenn ihr in Liebe, Sex, Eifersucht und Frieden aus der Ansicht hineingeht, dass ihr euch dafür bewertet, sie nicht zu sein, zu tun, zu haben oder zu generieren, funktioniert ihr aus Ablenkungsimplantaten. POCt und PODet den Mist und geht weiter.

Dain: Wir haben euch in diesem Call eine Menge zum Nachdenken gegeben, also hört ihn euch bitte noch einmal an, weil das eine Menge Zeug für euch verändern wird.

Gary: Und lasst diese Prozesse weiterlaufen. Nehmt sie als Dauerschleife auf!

KAPITEL FÜNF

LEBEN, LEBENSWEISE, TOD UND REALITÄT

Gary: Hallo alle zusammen. Heute werden wir über die Ablenkungsimplantate Leben, Lebensweise, Tod und Realität sprechen.

LEBEN

Leben ist das, was ihr immer weiter auf dem Planeten Erde verfolgt, so als ob ihr, wenn ihr es richtig hinbekommt, ein Leben haben werdet. Aber es gibt einen Haken, wenn ihr versucht, etwas richtig hinzubekommen: ihr müsst rund um die Uhr jeden Tag in der Bewertung sein.

Überall, wo ihr nach dem Leben gesucht habt, als ob ihr, wenn ihr es richtig hinbekommt, ein Leben haben werdet, als ob es das sei, was ihr wirklich wollt, und es am Ende richtig funktionieren wird. Alles, was das ist, mal Gottzillionen, zerstört und unkreiert ihr das alles? Right and Wrong, Good and Bad, POD and POC, All 9, Shorts, Boys and Beyonds.

Offensichtlich habt ihr alle das ziemlich gut gemacht. Ihr habt versucht, euer Leben durch das Richtige und Falsche daran zu finden.

Welche physische Verwirklichung der tödlichen und ewigen Krankheit der Generierung, Kreation und Einrichtung erkennt ihr nicht als die definitive Begrenzung des Lebens auf dem Planeten Erde an? Alles, was das ist, mal Gottzillionen, zerstört und unkreiert ihr das alles? Right and Wrong, Good and Bad, POD and POC, All 9, Shorts, Boys and Beyonds.

Wie viele von euch erkennen, dass ihr beim Versuch, ein Leben zu haben, versucht habt zu definieren, was es bedeutet, ein Leben zu haben, ohne einen Schimmer davon zu haben, was es heißt, ein Leben zu haben, während ihr vorgegeben habt, dass ihr, wenn ihr es herausbekommen könntet, wüsstet, was Leben ist? Aber ihr habt dann immer noch kein Leben, weil ihr euch meistens nicht darum kümmert, es zu generieren, zu kreieren oder einzurichten. Und das ist es, was wahres Leben und Lebensweise bedeutet. Das ist die Fähigkeit zu generierenden, kreativen und einrichtenden Wahlen. Alles, was das ist, mal Gottzillionen, zerstört und unkreiert ihr das alles? Right and Wrong, Good and Bad, POD and POC, All 9, Shorts, Boys and Beyonds.

Call-Teilnehmer: Was sind definitive Begrenzungen, Gary?

Gary: *Definitive Begrenzungen* ist, wenn man versucht, alles zu definieren. „Ich werde ein Leben haben, wenn ich x, y z habe." „Ich werde ein Leben haben, wenn ich genug Geld habe." „Ich werde ein Leben haben, wenn ich eine perfekte Beziehung habe." „Ich werde ein Leben haben, wenn ich eine gute Beziehung habe." „Ich werde ein Leben haben, wenn ich überhaupt eine Beziehung habe." „Ich werde ein Leben haben, wenn ich ein gutes Business habe." „Ich werde ein Leben haben, wenn ich tue, was alle anderen tun." Das sind alle *Wenns*, die wir benutzen, um zu versuchen zu definieren, was ein Leben ist, anstatt zu fragen: „Was habe ich wirklich als eine Wahl, eine Frage, eine Möglichkeit oder einen Beitrag hier?" Das ist ein anderes Universum.

Call-Teilnehmer: Sind Begrenzungen etwas, das wir definieren?

Gary: Ja, um eine Begrenzung zu haben, müssen wir sie definieren.

Call-Teilnehmer: Das ist das erste Mal, dass ich dich das sagen höre, Gary. Danke!

Gary: Nun, ich habe seit Ewigkeiten gesagt, dass Definition schon per Definition Begrenzung ist.

Call-Teilnehmer: Es ist das erste Mal, dass ich es gehört habe. Es ergibt Sinn, denn wenn man eine Begrenzung hat, ist das tatsächlich eine Definition.

Gary: Ja. Um irgendeine Definition zu haben, musst du in der Lage sein, etwas zu definieren. Was immer du definierst, wird zu der Begrenzung, die du nicht verändern kannst.

Call-Teilnehmer: Mein ganzes Leben besteht aus Definitionen! Definitionen darüber, was ich meine, dass mein Leben sein kann, sein könnte, nicht sein kann, sein wird und nicht sein wird.

Gary: Ja, und das hat nichts mit wahrer Wahl zu tun.

Welche physische Verwirklichung der tödlichen und ewigen Krankheit der Generierung, Kreation und Einrichtung erkennt ihr nicht als die definitive Begrenzung des Lebens auf dem Planeten Erde an? Alles, was das ist, mal Gottzillionen, zerstört und unkreiert ihr das alles? Right and Wrong, Good and Bad, POD and POC, All 9, Shorts, Boys and Beyonds.

Welche physische Verwirklichung der tödlichen und vieldeutigen Krankheit von Wahl, Frage, Möglichkeit und Beitrag erkennt ihr nicht als die bestimmenden Faktoren der Lebensweise gemäß den Regeln des Lebens auf dem Planeten Erde an? Alles, was das ist, mal Gottzillionen, zerstört und unkreiert ihr das alles? Right and Wrong, Good and Bad, POD and POC, All 9, Shorts, Boys and Beyonds.

Die Menschen definieren sich selbst über tausend verschiedene Dinge. Ich war heute Morgen in einem Flugzeug und einige Leute sagten: „Oh, Sie können vorgehen."

Ich sagte: „Ich muss nicht vorgehen. Es geht mir gut." Ich merkte, dass sie mich als älter als sich ansahen, also nahmen sie an, ich müsse vorgehen. Dann waren da andere Leute, die beschlossen hatten, vor mir gehen zu müssen, weil sie aus der Businessklasse kamen. „Entschuldigen Sie, wer hat sie zu Gott gemacht, nur, weil Sie in der Businessklasse waren?"

Dies sind die Definitionen, anhand derer die Menschen bestimmen, was sie im Leben wählen werden, als die bestimmenden Faktoren für das Leben.

Call-Teilnehmer: Ist das Leben eine Begrenzung und die Lebensweise eine eindeutige Energie, Gary?

Gary: Wenn du versuchst zu definieren, was dein Leben kreieren wird, bist du dann tatsächlich im Prozess des Generierens und Kreierens?

Call-Teilnehmer: Nein.

Gary: Nein. Du bist im Prozess des Definierens deines Lebens, was die Begrenzungen bestätigt, die du hast. Das bestätigt die Begrenzungen, die du erlebst und erlaubt dir nicht, etwas anderes zu wählen.

Call-Teilnehmer: Es hält mich im Dorf der Begrenzung fest.

Gary: Ja, es ist, als ob der Ort, an dem wir leben, unsere soziale Klasse definiert – wenn wir eine Definition von sozialer Klasse haben. Wir haben eine Definition von dem, was wir fahren. All diese Dinge sind bestimmende Faktoren dafür, wie wir andere Leute uns sehen lassen, was nicht unbedingt wahr ist.

Call-Teilnehmer: Richtig.

Gary: Ich lebe gerne in einem schönen Haus und einer hübschen Umgebung, weil es leichter ist. Leichter als was? Leichter als im Ghetto zu leben. Warum? Weil die Menschen im Ghetto ein definiertes Element dessen haben, was sie meinen, das Leben ist, und es geht alles darum, dass sie ihren Anteil kriegen müssen, bevor ihn jemand anders bekommt. Das ist ein unglaubliches Maß an Begrenzung, das sie für wahr halten.

Warum sind manche Leute in der Lage, aus dem Ghetto auszuziehen und warum können andere Leute das nie tun? Aufgrund des definierenden Elements dessen, was sie Leben nennen.

Call-Teilnehmer: Wenn man in einer guten Gegend wohnt, ist das auch eine Begrenzung auf eine Art?

Gary: Das muss es nicht sein. Aber im Ghetto zu leben, muss dies auch nicht sein.

Ich kenne eine Dame, die auf etwa hundert Morgen Land lebt. Sie geht hinaus und sitzt auf ihrer Veranda und hört den Vögeln und den Windspielen zu und genießt, was sie als ihr schönes Leben bezeichnet. Das und ihre Pferde sind ihr ganzes Leben. Sie geht nicht aus dem Komfortbereich heraus, den sie als das Leben definiert hat, das sie haben wollte.

Dain: Ich möchte euch noch ein Beispiel geben.

Dain: Als ich als Kind im Ghetto lebte, war da eine Dame, die meine Quelle der Hoffnung war. Sie war die Mutter eines Freundes von mir. Sie war eine freundliche, fürsorgliche, wunderbare Frau. Sie lebte im Ghetto, aber das Ghetto lebte nicht in ihr. Ich bin nach der Schule immer zu ihr gegangen.

Ich erlebte furchtbaren Missbrauch in dem Haus, in dem ich lebte. Zum Beispiel durfte ich nicht essen. Welches kleine Kind darf nicht in seinem eigenen Haus essen? Also ging ich nach der Schule zum Haus meines Freundes und seine Mutter gab mir selbstgemachte Tortillas und sagte mir, dass alles gut werden würde.

Wenn du wirklich dein Leben lebst, gibt es einerseits das definierende Element des Lebens und andererseits die Forderung, dass du leben wirst, egal, was um dich herum ist. Das ist der Unterschied. Diese Dame war ein Beispiel dafür. Sie half mir, das Leben dort zu überstehen. Ich weiß nicht, ob ich überlebt hätte, wenn sie nicht da gewesen wäre.

Gary: Ein tolles Beispiel, Dain. Wie viele von euch haben definiert, wie euer Leben sein sollte, wenn ihr das Leben hättet, das ihr gerne haben würdet? Und versucht ihr eure Wahlen aufgrund der Definition des Lebens zu treffen, das ihr beschlossen habt, haben zu wollen, was nichts mit dem zu tun hat, was tatsächlich auf der Welt oder in euren Leben vorgeht?

LEBENSWEISE

Lasst uns nun über die *Lebensweise* sprechen. Die *Lebensweise* ist die Handlung, die ihr in jedem Moment jeden Tages vornehmt. Die Ansicht der Dame, die die Pferde und die hundert Morgen Land hat, ist, dass sie das Leben hat, das sie schon immer wollte. Ihre Vorstellung von Lebensweise ist, von ihrer Ranch wegzugehen, um bestimmte Dinge zu tun, die nicht Teil der Ranch sind. Das nennt sie ihre „Lebenszeit".

Was habt ihr als eure „Lebenszeit" definiert? Alles, was das ist, mal Gottzillionen, zerstört und unkreiert ihr das alles? Right and Wrong, Good and Bad, POD and POC, All 9, Shorts, Boys and Beyonds.

Ihr habt eine Menge Definitionen über eure Lebenszeit. Und eure Zeit fürs Leben. Ich sehe Menschen die Definition kreieren: „Wenn ich in Rente gehe, dann kann ich leben. Ich kann alles tun, was ich wirklich gerne tun möchte." Für sie beginnt das Leben mit Eintreten des Ruhestands. Wird das wirklich die Lebensweise kreieren, die ihr möchtet? Oder ist da noch etwas anders möglich?

Welche physische Verwirklichung der tödlichen und vieldeutigen Krankheit von Wahl, Frage, Möglichkeit und Beitrag erkennt ihr nicht als die bestimmenden Faktoren der Lebensweise gemäß den Regeln des Lebens auf dem Planeten Erde an? Alles, was das ist, mal Gottzillionen, zerstört und unkreiert ihr das alles? Right and Wrong, Good and Bad, POD and POC, All 9, Shorts, Boys and Beyonds.

Dain:

Welche physische Verwirklichung der tödlichen und vieldeutigen Krankheit von Wahl, Frage, Möglichkeit und Beitrag erkennt ihr nicht als die bestimmenden Faktoren der Lebensweise gemäß den Regeln des Lebens auf dem Planeten Erde an? Alles, was das ist, mal Gottzillionen, zerstört und unkreiert ihr das alles? Right and Wrong, Good and Bad, POD and POC, All 9, Shorts, Boys and Beyonds.

Call-Teilnehmer: Die bestimmenden Faktoren der Lebensweise auf dem

Planeten Erde – könnt ihr bitte darauf eingehen?

Gary: Jeder versucht euch zu sagen, wie ihr leben solltet. Leben auf dem Planeten Erde bedeutet was? Es bedeutet nicht die Verwirklichung von Wahl, Frage oder Möglichkeit. Es geht nie darum, aus der Frage zu leben. Es geht immer darum, aus der Antwort zu leben. Das ist die Begrenzung, aus der wir versuchen zu funktionieren. Wir sagen: „Wenn ich nur die richtige Antwort bekomme, wenn ich das kapiere, werde ich das Leben haben, das ich möchte, und ich werde so leben, wie ich möchte."

Zu wählen, so zu leben, wie du wirklich gerne leben würdest, ist ein vollkommen anderes Universum.

Call-Teilnehmer: Bitte sag mehr dazu.

Gary: *Leben* dreht sich ums Erreichen. Lebensweise ist, was du tust, um die Resultate zu erzielen, die du dir wünschst.

Es gibt einen Mann, bei dem ich Golderzeugnisse kaufe. Er rief mich heute an und fragte: „Sind Sie in der Stadt? Ich habe einige gute Sachen."

Ich sagte: „Nun, erst ab dem 17. Können Sie es für mich zurückbehalten?"

Er meinte: „Ich brauche Geld."

Ich habe in den letzten paar Monaten viel Geld bei ihm gelassen und ich weiß, dass er jetzt mehr Bargeld zur Verfügung hat als je zuvor. Ich bin die Hauptquelle für das, was er verkauft. Und aus irgendeinem Grund war er hysterisch, weil ich nicht in der Stadt war, um bei ihm zu kaufen. Er muss einen anderen Weg finden, damit umzugehen, aber anstatt das zu tun, hat er angefangen, das Leben anzustreben, das er wollte. Er hat sich eine Vorzeigefrau gesucht, damit er jemanden hat, der für ihn kocht und putzt und sich um ihn kümmert. Er hat auch die Vorstellung kreiert, dass er nun, da er mir viel verkauft, leben kann. Also lebt er auf einem höheren Niveau als seit langem, und hält das dennoch immer noch für weniger, als er meint, leben zu sollen. Würden Sie den Prozess bitte noch einmal laufen lassen, Dr. Dain?

Dain:

Welche physische Verwirklichung der tödlichen und vieldeutigen Krankheit von Wahl, Frage, Möglichkeit und Beitrag erkennt ihr nicht als die bestimmenden Faktoren der Lebensweise gemäß den Regeln des Lebens auf dem Planeten Erde an? Alles, was das ist, mal Gottzillionen, zerstört und unkreiert ihr das alles? Right and Wrong, Good and Bad, POD and POC, All 9, Shorts, Boys and Beyonds.

Call-Teilnehmer: Sind Leben und Lebensweise beides Ablenkungsimplantate?

Gary: Ja, sie sind beide Ablenkungsimplantate, weil sie euch vom Generieren, Kreieren und Einrichten ablenken und euch von Wahl, Frage und Möglichkeit abhalten.

Dain: Deswegen gibt es so wenige Menschen, die glauben, irgendwo eine Wahl zu haben. Im Prinzip ist das, als hätten wir keine Wahl. Es ist, als lebten wir in einem wahl-losen Universum, obwohl Wahl unsere dynamischste Fähigkeit ist.

Call-Teilnehmer: Sagst du, dass es bei der Wahl kein Leben und keine Lebensweise gibt?

Gary: Bei der Wahl gibt es ständiges Generieren und Kreieren.

Dain: Und bei der Wahl gibt es keine Schlussfolgerung. Es gibt keine geschlussfolgerte Ansicht über das, was sein kann. Es gibt nur Wahl und die Möglichkeiten, die sein könnten, basierend auf der Frage, was ein Beitrag für etwas anderes sein könnte.

TOD

Call-Teilnehmer: Das ist dann ja mit Tod und Sterben verbunden, aufgrund des Abschlusses.

Gary: Das ist die Idee dahinter. Es gibt einen Abschluss und dann tritt der

Tod ein. Hier ist etwas, das ihr verstehen müsst:

- Der Zweck aller Fragen besteht darin, Gewahrsein zu bringen – mehr Gewahrsein zu haben.

- Der Zweck aller Wahlen besteht darin, Gewahrsein zu erlangen.

- Wahl ist die Möglichkeit, Gewahrsein darüber zu erlangen, was tatsächlich eintreten kann.

- Beim Generieren und Kreieren geht es darum, die Wahlen, die Möglichkeiten und die Energie anzusehen, die aufgrund dessen, was du wählst, in der Existenz sein werden.

Call-Teilnehmer: Also wenn die Leute sagen: „Das Einzige, worauf man sich verlassen kann, sind der Tod und die Steuern", ist das, als sagten sie, man wird geboren, um zu sterben. Man wird in einem Ablenkungsimplantat geboren.

Gary: Das ist die Regel des Lebens. Hier auf dem Planeten Erde dauert das Leben von der Geburt bis zum Tod. Das gilt als der Lebenszyklus. So kommt man da hinein. Der Tod wird zum Ende des Zyklus der Handlung des Lebens. Man lebt, um zu sterben.

Call-Teilnehmer: Niemand stellt das infrage.

Gary: Nein, das ist unbestreitbar. Das ist das, was alle als gegeben annehmen. Es ist eine Tatsache, dass man leben wird und sterben wird. Dies sind die Gegebenheiten des Lebens und der Lebensweise auf dem Planeten Erde. Dies ist die Regel der Lebensweise und die Definition von Leben. Man hat die Begrenzung des Lebens definiert, die besagt, dass man lebt und ein Leben hat, bis man stirbt. Und die Regel der Lebensweise, die besagt, dass man lebt, bis man stirbt. Also wird der Tod zum nächsten Ablenkungsimplantat. Wie viel Energie wird auf dem Planeten Erde verwendet, um den Tod zu vermeiden? Viel, wenig oder Megatonnen?

Teilnehmer: Megatonnen!

Gary:

Alles, was ihr getan habt, um das zu vermeiden, zerstört und unkreiert ihr das alles? Right and Wrong, Good and Bad, POD and POC, All 9, Shorts, Boys and Beyonds.

Teilnehmer: Warum ist Altern kein Ablenkungsimplantat?

Gary: Es ist Teil des Lebens. Man muss alt werden. Man muss alt werden ... und sterben.

Call-Teilnehmer: Oh!

Dain: Einige Worte über den Tod: Zum einen gibt es solchen Widerstand dagegen. Und alles, wogegen man Widerstand hat, kreiert man mit mehr Intensität. Viele Menschen wehren sich gegen den Tod, während sie ihn gleichzeitig mit all den Nicht-Wahlen und dem Nicht-Leben kreieren, aus dem heraus sie funktionieren. Sie wählen den Tod, während sie im Widerstand gegenüber ihm sind. Sie schließen ihn ein, in beiden Richtungen.

Call-Teilnehmer: Was ist eine vieldeutige Krankheit? Kannst du mehr darüber sprechen?

Gary: Wenn du anfängst, etwas zu tun, das wirklich für dich funktioniert, weichst du dem aus oder weißt du sofort, dass es das ist, was du hast? Du weichst aus. Du weichst dem aus, was du wählen kannst, als ob du, wenn du falsch wählst, nicht leben wirst; sondern sterben. Ich wähle, acht Millionen Flaschen an Nahrungsergänzungsmitteln zu nehmen, weil das bedeutet, ich wähle zu leben. Tut es das? Oder ist das die Antwort eines einzigen Mannes darauf, was das ist? Hilft das?

Call-Teilnehmer: Ja. Es ist so heimtückisch. Es erwischt einen. Es ist fast so, als ob das Gegenteil von Widerstand bewirkt, dass es einen erwischt. Altern und Sterben und all das scheint vieldeutig zu sein. Es ist, als ob man in den Zweifel am unbegrenzten Leben als Möglichkeit geht.

Gary:

Welche physische Verwirklichung der tödlichen und vollkommen zersetzenden und ansteckenden Krankheit des unbegrenzten Lebens und der unbegrenzten Lebensweise erkennst du nicht als das zerstörerische Element des Todes als die einzige Wahl deiner Realität an? Alles, was das ist, mal Gottzillionen, zerstörst und unkreierst du das alles bitte? Right and Wrong, Good and Bad, POD and POC, All 9, Shorts, Boys and Beyonds.

Dain:

Welche physische Verwirklichung der tödlichen und vollkommen zersetzenden und ansteckenden Krankheit des unbegrenzten Lebens und der unbegrenzten Lebensweise erkennt ihr nicht als das zerstörerische Element des Todes als die einzige Wahl eurer Realität an? Alles, was das ist, mal Gottzillionen, zerstört und unkreiert ihr das alles bitte? Right and Wrong, Good and Bad, POD and POC, All 9, Shorts, Boys and Beyonds.

Call-Teilnehmer: Gary, kann ich des Teufels Anwalt sein? Es scheint nicht so sehr, als sei das Abkaufen von Tod und Sterben diese Realität. Es ist eher so, dass das zerstörerische Element ist, dem Tod und Sterben zu widerstehen und vorzugeben, dass es sie nicht gibt.

Gary: Nun, ja, das würde zutreffen, wenn du nicht versuchen würdest, den Tod als Realität zu kreieren.

Call-Teilnehmer: Was ist aber, wenn man ihn ignoriert? Er ist da, aber man ignoriert ihn.

Gary: Das bedeutet immer noch, ihn als eine Realität zu sehen, indem man vorgibt, er existiere nicht.

Call-Teilnehmer: Ist das wie der Mann hinter dem Vorhang?

Gary: Ja, da steht niemand hinter dem Vorhang. Das ist niemand hinter dem Vorhang, aber du glaubst trotzdem, er sei da.

REALITÄT

Lasst uns weitergehen zur Realität.

> Was macht die Realität auf dem Planeten Erde aus? Alles, jede Energie, die das hochgebracht hat, zerstört und unkreiert ihr das alles? Right and Wrong, Good and Bad, POD and POC, All 9, Shorts, Boys and Beyonds.

Wie viele von euch glauben, es müsse ein Gleichgewicht auf dem Planeten Erde geben? Ein Gleichgewicht von Leben und Tod, ein Gleichgewicht von Positiv und Negativ, ein Mächtegleichgewicht? Das gibt es nicht. Das ist eine Realität, die gegen euch verübt wird. Sie hält euch in einem ständigen Zustand der Bewertung fest, insbesondere der Bewertung eurer Verkehrtheit.

> Alles, was ihr getan habt, um dieses Gleichgewicht als eine Realität abzukaufen, zerstört und unkreiert ihr das alles? Right and Wrong, Good and Bad, POD and POC, All 9, Shorts, Boys and Beyonds.

Wenn ihr euch ein Molekül anschaut, seht ihr positive und negative Elektronen, die das Zentrum umgeben, das der Kern des Elements ist. Sie sind die Quelle dessen, was Bewegung innerhalb der Struktur des Systems des Moleküls bewirkt.

Wenn ihr euch als den Kern des Moleküls seht und ihr innerhalb des Moleküls eurer eigenen Realität seid, würde euch klar, dass ihr jedes Mal, wenn ihr in die Verkehrtheit hineingeht, dies der Moment ist, wo ihr zur Stärke des positiven Elements gehen müsst, das sich Veränderung nennt. Verkehrtsein ist das negative Element. Veränderung ist das positive Element. Und so kreiert ihr Bewegung.

Jedes Molekül hat Bewegtwerden und ihr müsst das Bewegtwerden in eurem Leben kreieren, was zu Leben wird, was dieses Bewegtwerden zu einer realen Lebensweise macht. Wenn ihr im Bewegtwerden seid, seid ihr am Leben. Aber wir haben den Akt des Lebens, die Lebensweise, definiert als „Was müssen wir tun? Was müssen wir schaffen? Was machen wir außerhalb der Orte, wo wir tun müssen, was wir einrichten?"

Wahre Lebensweise ist Bewegtwerden. Absolutes Bewegtwerden. Merkt ihr, dass es euch selten angenehm ist, stillzustehen? Es ist euch selten angenehm, wenn gerade nichts los ist. Warum? Weil es im Bewegtwerden eine andere Möglichkeit gibt.

> Welche physische Verwirklichung der absolut begrenzenden und konzeptuellen strukturierenden Krankheit wahrer Veränderung erkennt ihr nicht als die Perfektion des armeseligen und beschissenen Lebens, Lebensweise, Tod und Realität an, die ihr wählt? Alles, was das ist, mal Gottzillionen, zerstört und unkreiert ihr das alles? Right and Wrong, Good and Bad, POD and POC, All 9, Shorts, Boys and Beyonds.

Dain:

> Welche physische Verwirklichung der absolut begrenzenden und konzeptuellen strukturierenden Krankheit wahren Bewegtwerdens, Beweglichkeit und explosiven katalytischen Beitrags erkennt ihr nicht als die Wahrnehmung des armeseligen und beschissenen Lebens, Lebensweise, Tod und Realität an, die ihr wählt? Alles, was das ist, mal Gottzillionen, zerstört und unkreiert ihr das alles? Right and Wrong, Good and Bad, POD and POC, All 9, Shorts, Boys and Beyonds.

Gary: Autsch! Lass das noch einmal laufen.

Dain:

> Welche physische Verwirklichung der absolut begrenzenden und konzeptuellen strukturierenden Krankheit wahren Bewegtwerdens, Beweglichkeit und explosiven katalytischen Beitrags erkennt ihr nicht als die Wahrnehmung des armeseligen und beschissenen Lebens, Lebensweise, Tod und Realität an, die ihr wählt? Alles, was das ist, mal Gottzillionen, zerstört und unkreiert ihr das alles? Right and Wrong, Good and Bad, POD and POC, All 9, Shorts, Boys and Beyonds.

Call-Teilnehmer: Können wir etwas mehr über eher generierende Aussagen sprechen, anstatt dieser Aussagen darüber, wie schrecklich wir sind und wie schlecht wir unser Leben leben?

Gary: Das habe ich nicht gesagt.

Call-Teilnehmer: Können wir erst das schlechte Zeug zerstören?

Gary: Wie oft sagst du, wie wunderbar dein Leben ist, und wie oft sprichst du über den Mist in deinem Leben?

Call-Teilnehmer: Nun, ich habe nicht viel Mist, also spreche ich nicht so oft über Mist.

Gary: Sprechen deine Freunde ständig über Mist? Ja, das tun sie. Die Leute sprechen immer über den Mist. Die Menschen sprechen immer über den schlimmsten Teil ihres Lebens. Sie sprechen nie über den besten Teil ihres Lebens. Sie verwenden mehr Zeit und Aufmerksamkeit auf die schlechten als auf die guten Dinge.

Call-Teilnehmer: Nun, die Antwort wäre dann „Ja". Ich stimme zu, dass dies oft der Fall ist. Aber das ist nicht für alle so.

Gary: Ich versuche, die verflixten Ablenkungsimplantate loszuwerden. Ich versuche nicht, das so zu machen, damit es für dich gut aussieht. Ich möchte den Scheiß loswerden, der den Leuten das Leben versaut. Und *dann* kommen wir zu dem anderen Teil, aber wir müssen erst hier durch.

Dain: Der andere Teil hiervon ist, wenn ihr die Begrenzung zerstört, zeigt sich automatisch das Unbegrenzte in eurem Leben. Es gibt Orte, wo das funktioniert, auch wenn man es kognitiv nicht versteht. Du gehst dahin, dass du das, was hier vor sich geht, als etwas Falsches bewertest oder als begrenzte Ansicht oder dass es eine andere Art gibt, damit umzugehen. Darin gibt es irgendetwas, das auf dich zutrifft, sonst hätte es keine Ladung.

Das könnte ein Ort in deiner Welt sein, wo du sagst: „Weißt du was, verdammt nochmal? Ich habe so die Nase voll davon, nicht kreativ und generierend zu sein!" Vielleicht erkennst du an, dass du eine Forderung nach mehr Kreation und Generieren hast. Wenn es da eine Ladung gibt, wirkt es sich irgendwo auf dein Leben aus, und wenn du den Prozess trotz der Ladung laufen lässt, wird sich das verändern.

Call-Teilnehmer: Verstehe. Mit anderen Worten wehre ich mich irgendwo dagegen.

Dain: Ja, so ähnlich.

Call-Teilnehmer: Okay, ich hab's verstanden. Deswegen sprechen wir über die schlechten Sachen.

Gary: Wenn du nicht über die schlechten Dinge sprichst, wirst du nichts haben, worüber du sprechen kannst, weil es das ist, worüber die meisten Menschen sprechen.

Dain:

Welche physische Verwirklichung der absolut begrenzenden und konzeptuellen strukturierenden Krankheit wahren Bewegtwerdens, Beweglichkeit und explosiven katalytischen Beitrags erkennt ihr nicht als die Wahrnehmung und den Erwerb des armseligen und beschissenen Lebens, Lebensweise, Tod und Realität an, die ihr wählt? Alles, was das ist, mal Gottzillionen, zerstört und unkreiert ihr das bitte alles? Right and Wrong, Good and Bad, POD and POC, All 9, Shorts, Boys and Beyonds.

Gary: Nochmal, Dain.

Dain:

Welche physische Verwirklichung der absolut begrenzenden und konzeptuellen strukturierenden Krankheit wahren Bewegtwerden, Beweglichkeit und explosiven katalytischen Beitrags erkennt ihr nicht als die Wahrnehmung und den Erwerb des armseligen und beschissenen Lebens, Lebensweise, Tod und Realität an, die ihr wählt? Alles, was das ist, mal Gottzillionen, zerstört und unkreiert ihr das bitte alles? Right and Wrong, Good and Bad, POD and POC, All 9, Shorts, Boys and Beyonds.

Call-Teilnehmer: Zu Beginn dieses Prozesses hast du gesagt, Verkehrtheit ist das Negative und Veränderung ist das Positive und Bewegtwerden ist wirkliche Lebensweise. Kannst du bitte hier tiefer gehen für mich?

Gary: Jedes Elektron bewegt sich und erzeugt ein Bewegtwerden, was als das Element der Struktur funktioniert. Es funktioniert als die Struktur dessen, was tatsächlich möglich ist im Leben.

Sobald du merkst, dass du auf das Falsche schaust und fragst: „Welche Veränderung steht hier zur Verfügung, die ich nicht erwartet habe?", und dich darum kümmerst, kann eine andere Möglichkeit eintreten.

Dain: Das ist ein Riesending. Ich denke, du sagst, Veränderung ist ein kreativer und generierender Ort. Ich habe das erst vor Kurzem beim Level 2-Kurs (Anm. d. Übers.: der frühere Kurs *Level 2 & 3* entspricht dem heutigen Kurs *Wahl der Möglichkeiten*) angesprochen, den ich in Melbourne gemacht habe. Diese eine Sache hat so viel für die Leute verändert. Wir haben am ersten Tag so viel Veränderung durchgemacht, und die Leute kamen zum zweiten Tag und waren starr wie Felsen, weil sie so viel Veränderungen erlebt hatten, was die Polarität der positiven Seite war. Aber dann mussten sie so viel Verkehrtsein kreieren, um das auszubalancieren, weshalb ihr immer von der Veränderung ins Verkehrtsein geht.

Du veränderst dich und denkst dann: „Mit mir stimmt etwas nicht", anstatt zu fragen: „Welche Veränderung steht hier tatsächlich zur Verfügung?" Diese Frage holt dich aus der Verkehrtheit – und ist buchstäblich das Gegenmittel dazu. Frage: „Welche Veränderung steht hier tatsächlich zur Verfügung?", und wisse, dass, wenn du dich am verkehrtesten fühlst, die meiste Veränderung zur Verfügung steht.

Call-Teilnehmer: „Welche Veränderung steht hier tatsächlich zur Verfügung?", ist eine tolle Frage.

Gary: Ja. „Welche Veränderung steht hier zur Verfügung, die ich nicht gewählt habe?"

BEWEGTWERDEN

Dain: Ich habe gerade einen Einblick in diese ganze Sache bekommen, wo das Positive und das Negative Bewegung bewirken. Es geht nie darum, nur im Positiven festzustecken und das Negative zu vermeiden. Es geht darum, Bewegtwerden zu erzeugen.

Gary: Als wir uns 2012 der „Katastrophe des Endes des Maya-Kalenders" näherten, versuchten die Menschen, alles zu verlangsamen. Für mich war es unfassbar, wie viel Langsamkeit damals auf der Welt vor sich ging. Ich beobachtete, wie die Menschen langsamer und langsamer und langsamer wurden. Wo seid ihr, Leute? Ich verstand nicht, was vor sich ging. Sie schienen zu glauben, dass eine Sache vor sich ging, während ich andere Möglichkeiten spürte. Was wäre erforderlich, um den ständigen Zustand anderer Möglichkeiten zu kreieren, anstatt eine Art abzukaufen, wie etwas sein sollte oder „Dies ist die einzige Veränderung, die möglich ist"?

Call-Teilnehmer: Wenn es kein Gleichgewicht gibt, was gibt es dann?

Gary: Bewegtwerden! Bewegtwerden!

Call-Teilnehmer: Ist Bewegtwerden die Antwort auf Gleichgewicht oder die Antwort auf Verkehrtheit?

Gary: Wäre ein Wesen in einem ständigen Zustand der Ruhe?

Call-Teilnehmer: Nie.

Gary: Wäre ein Wesen in einem ständigen Zustand des Bewegtwerdens?

Call-Teilnehmer: Ja.

Gary: Wenn ihr ruht, nutzt ihr euren Verstand, um ein Gefühl von Bewegtwerden zu kreieren.

Call-Teilnehmer: Ja.

Gary: In Wahrheit ist eure gesamte Realität ein ständiger Zustand des Bewegtwerdens. Wenn ihr in die Natur schaut, seht ihr, dass nichts jemals vollkommen ruhig oder still bleibt. Wenn ihr einen Spaziergang macht und genau hinseht, werdet ihr Tausende von Krabbeltieren und Dingen sehen, die sich bewegen, und alle möglichen Dinge, die geschehen. Das ist das „andere". Warum ist es anders? Weil es immer ein ständiger Zustand des Bewegtwerdens ist, die vor sich geht. Es gibt keine ruhenden Körper. So etwas gibt es im Universum nicht. Ihr versucht immer noch, ein Gefühl zu kreieren, dass es Positiv und Negativ geben muss und dass es Ruhe geben muss und dass es Bewegung geben muss. Bewegung und Bewegtwerden sind nicht unbedingt dasselbe.

Call-Teilnehmer: Ist dann also Verkehrtheit ein Stillstand oder eine Stagnation?

Gary: Verkehrtsein ist, wie ihr versucht, einen Stillstand zu bewirken. So versucht ihr, Dinge dieser konzeptuellen Realität zu verfestigen. Ihr versucht sie in die Festigkeit hineinzubringen. Das bedeutet, dass nichts geschieht.

Wenn ihr wisst, dass ihr falsch liegt, versucht ihr immer zu beweisen, dass ihr es nicht tun werdet, nicht tun könntet, es nicht tun wolltet oder nicht tun wollt. Ihr versucht, euch selbst zum Stoppen zu bringen.

Call-Teilnehmer: Genau da gehe ich zum Gleichgewicht von allem. Das Bewegtwerden durch das Stoppen ins Gleichgewicht zu bringen. Oh Gary, ich liebe dich. Ich habe nur gefühlt, dass wir Bewegtwerden und Ruhe haben sollten.

Gary: Wenn wir uns die molekulare Struktur von irgendetwas ansehen, erkennen wir, dass sich die positiven und negativen Strukturen in einem ständigen Zustand des Bewegtwerdens befinden; sonst existiert diese Sache nicht in derselben Form. Es könnte sich als etwas anderes katalysieren und seine Form ändern, aber es kann seine Form ohne das elektrische Bewegtwerden der positiven und negativen Elektronen nicht beibehalten. Es muss immer in allem Bewegtwerden geben.

Call-Teilnehmer: Gary, selbst im Gleichgewicht, selbst wenn man auf einem Drahtseil oder auf Stelzen steht, bewegt man sich ständig. Das ist es, was geschieht. Haben wir Gleichgewicht fehlinterpretiert?

Gary: Wir haben fehlgedeutet, dass all das Gleichgewichthalten ist. Das ist kein Gleichgewichthalten; es gibt ein Bewegtwerden, die den verschiedenen Sachen entgegenwirkt, die um euch herum vor sich gehen. Ihr balanciert gar nichts aus. Ihr bewegt euch, um zu kreieren! Um zu kreieren, müsst ihr in einem ständigen Zustand des Bewegtwerdens sein, und als Wesen sind wir viel kreativer, als wir uns selbst zugestehen. Dieser ständige Zustand des Versuchs, ein Gleichgewicht herzustellen, ist der ständige Zustand des Glaubens, es gebe so etwas wie Gleichgewicht. Nein, es gibt einen ständigen Zustand des Bewegtwerdens, bei dem ihr nicht gewinnt, bei dem ihr aus dieser Bewegung entweder kreiert oder zerstört.

Wir können kreieren und wir können zerstören. Zerstörung ist gar nicht so etwas Schlechtes. Das Problem ist, dass wir immer weiter behaupten, Zerstörung sei schlecht. Zerstörung ist einfach Veränderung, bei der zwei Dinge in einer bestimmten Reihenfolge so heftig, hervorbrechend und katalytisch aufeinandertreffen, dass eine neue Substanz beginnt zu existieren.

Call-Teilnehmer: Und Zerstörung ist nicht dasselbe wie Verkehrtheit. Verkehrtheit ist stagnierend. Zerstörung ist immer noch ein Bewegtwerden?

Gary: Verkehrtheit ist, wie wir versuchen, Dinge zum Stagnieren zu bringen.

Wir sind inzwischen so gegrillt, wie es nur möglich ist. Aber ich habe einen Prozess, von dem ich gerne hätte, dass ihr ihn so oft ihr könnt für euch selbst laufen lasst. Bitte nehmt ihn als Dauerschleife auf, damit ihr ihn nonstop in den nächsten 365 Jahren hören könnt. Das ist heute mein Beitrag.

Teilnehmer: (lachen)

Call-Teilnehmer: Das ist ein kurzer Zeitraum.

Gary: Ja, der 365-Jahre-Prozess.

Welche physische Verwirklichung der generierenden und kreativen Fähigkeiten für Freiheit von allen Ablenkungsimplantaten seid ihr nun in der Lage zu generieren, kreieren und einzurichten? Alles, was dem nicht erlaubt, einzutreten, mal Gottzillionen, zerstört und unkreiert ihr das alles? Right and Wrong, Good and Bad, POD and POC, All 9, Shorts, Boys and Beyonds.

Das ist ein guter Prozess.

Teilnehmer: (jubeln) Ja, das ist ein klasse Prozess!

Gary:

Welche physische Verwirklichung der generierenden und kreativen Fähigkeiten für Freiheit von allen Ablenkungsimplantaten seid ihr nun in der Lage zu generieren, kreieren und einzurichten, und alles, was dem nicht erlaubt, sich zu zeigen, mal Gottzillionen, zerstört und unkreiert ihr das alles? Right and Wrong, Good and Bad, POD and POC, All 9, Shorts, Boys and Beyonds.

Call-Teilnehmer: Kannst du darüber sprechen, welche Veränderung nun verfügbar ist?

Gary: Wenn ihr nicht aus den Ablenkungsimplantaten heraus funktioniert, könnt ihr Klarheit darüber gewinnen, wie die Ablenkungsimplantate als Waffe verwendet wurden, um euch in der einen oder anderen Form zur Stagnation zu bringen. Sie versuchen das Gefühl zu erzeugen, ihr müsst gemäß der konzeptuellen Realität hier auf dem Planeten Erde leben. Aber es nicht erforderlich, gemäß den konzeptuellen Realitäten des Planeten Erde zu leben. Erforderlich ist, dass ihr die Quelle des Bewegtwerdens seid, die alles verändert.

Gary:

Welche physische Verwirklichung der generierenden und kreativen Fähigkeiten für Freiheit von allen Ablenkungsimplantaten seid ihr nun in der Lage zu generieren, kreieren und einzurichten? *Totale* Freiheit von allen Ablenkungsimplantaten. Alles, was das ist, zerstört und unkreiert ihr das alles? Right and Wrong, Good and Bad, POD and POC, All 9, Shorts, Boys and Beyonds.

Call-Teilnehmer: Gibt es aus eurer Perspektive irgendetwas, das nicht veränderbar wäre auf dieser Ebene, die wir die physische Realität nennen? Oder kann absolut alles verändert werden?

Gary: Alles kann verändert werden.

Call-Teilnehmer: Danke.

IHR KÖNNT EUCH IN SIE EINKAUFEN – ODER IHR KÖNNT EUCH HERAUSKAUFEN

Gary: Das ist meine Perspektive. Als ich das erste Mal die Information über die Ablenkungsimplantate erhielt, schaute ich mir alles an und sagte: „Das ist ein Ablenkungsimplantat. Vergiss es, ich werde das nicht machen."

Ich fragte mich nicht, warum es Ablenkungsimplantate gibt oder wie sie gegen mich arbeiten. Ich wusste nur, dass sie nicht generierten, woran ich interessiert war. Ich hatte eine Wahl. Ich konnte sie entweder abkaufen – oder ich konnte sie wieder loswerden. Ich kaufte mich jedes Mal heraus. Jedes Mal, wenn jemand sich auf Wut, Aggression, Angst oder Hass einließ, sagte ich: „Das ist ein Ablenkungsimplantat. Okay, cool. Was willst du, dass ich sage?"

Derjenige fragte dann: „Was?"

Ich fragte: „Was willst du, dass ich sage?"

Er meinte: „Was meinst du mit ‚Was willst du, dass ich sage'?"

Ich erwiderte: „Nun, offensichtlich möchtest du etwas von mir. Was machst du damit?"

Er fragte: „Was?" Und dann zerbrach alles.

Wenn derjenige Vorwurf, Scham, Reue und Schuld betrieb, sagte ich: „Es ist meine Schuld."

Er meinte dann: „Aber … aber …"

Ich wiederholte: „Es ist meine Schuld."

Er sagte: „Nein, so habe ich das nicht gemeint."

Ich fragte: „Okay, was hast du dann gemeint?"

Derjenige konnte das nie erklären.

Ich begann, mir diese verschiedenen Elemente anzusehen und dass die Ablenkungsimplantate sind, was sie sind. Wenn andere Leute sich darin befanden, wendete ich Anerkennung an. Ich sagte: „Ja, ich bin böse, ja, was auch immer" und hatte keine Ansicht darüber.

Jedes Mal, wenn ich keine Ansicht hatte, jedes Mal, wenn ich nicht auf das Trauma und Drama der Ablenkungsimplantate einstieg, veränderten sich die anderen. Und alles um mich herum veränderte sich, und alle Menschen in meinem Umfeld veränderten sich.

Für mich war das viel wichtiger, als die Spiele dieser Realität zu spielen. Deswegen war für mich ganz deutlich, dass dies einfach nur Ablenkungsimplantate waren, und warum sollte mich das kümmern? Es war seltsam festzustellen, dass andere Leute das nicht wählen konnten oder wollten.

Deshalb habe ich diese Reihe von Telecalls gemacht – weil die Leute die Ablenkungsimplantate verstehen müssen. Wenn ihr anfangt, ein Verständnis davon zu entwickeln, müsst ihr euer Leben nicht aus den Begrenzungen leben, aus denen alle anderen funktionieren.

Call-Teilnehmer: Meinst du also, Gary, dass wir immer, wenn wir merken, dass wir in ein Ablenkungsimplantat hineinrutschen, einfach anders wählen können?

Gary: Ja.

Call-Teilnehmer: Wir sagen einfach: „Ich mache das nicht"?

Gary: „Ich mache das nicht." Oder du sagst: „Oh, das ist ein Ablenkungsimplantat." Das ist so, als ob du unterwegs bist und ganz plötzlich etwas riechst. Und dann sagst: „Ihhh, das ist eklig."

Du fragst: „Wo kommt das her?" Du sagst: „Oh, ich bin gerade in Hundekacke getreten. Ich hasse es, in Hundekacke zu treten." Dann suchst du dir einen Gartenschlauch und spritzt sie ab. Du steigst nicht auf das Trauma und Drama ein, für das die Ablenkungsimplantate entwickelt wurden. Sie sind so ausgelegt, dass ihr euch so sehr auf sie einlasst, dass ihr nicht sehen könnt, was ist.

Dain: Ihr wascht es ab und geht weiter. Ihr tut, was auch immer es erfordert.

Gary: Ihr setzt euch selbst in Bewegtwerden.

Dain: Ein Ablenkungsimplantat ist so angelegt, dass ihr in einen Hundehaufen tretet und dann anfangt, Scheiße aus der Luft regnen zu lassen, um zu beweisen, dass ihr gerade in Scheiße getreten seid.

Oder während ihr versucht herauszufinden, wie ihr euren Fuß aus der Scheiße rausziehen könnt, steckt ihr euren anderen Fuß hinein. Ihr versucht herauszubekommen, wie ihr rauskommen könnt, anstatt einfach euren Fuß zu bewegen und ihn abzuwaschen. Nein. Wascht ihn einfach ab und geht weiter.

Ihr könnt es POCen und PODen oder ihr könnt etwas anderes wählen. Beides wird funktionieren. POCen und PODen ist dafür da, wenn ihr scheinbar nichts anderes wählen könnt oder es scheinbar nicht abwaschen könnt.

Es ist wichtig, die Wahl zu treffen, weiterzugehen. Die meisten Menschen ziehen, wenn sie in einen Scheißhaufen treten, nie ihren Fuß heraus. Sie fragen: „Welche Art von Scheiße ist das? Ist da Mais drin? Sind da Tomaten drin? Welches Futter hat der Hund gefressen?", und in der Zwischenzeit wird die Scheiße um sie herum zu Zement.

Call-Teilnehmer: Gary und Dain, könntet ihr beide je ein Beispiel dafür geben, wie ihr jemandem zugestimmt und gesagt habt: „Du hast recht, es ist meine Schuld"?

Gary: Es läuft hinaus auf: „Es tut mir leid. Ich hätte das nicht tun sollen."

Du weißt, dass sie Vorwurf, Scham, Reue und Schuld anwenden und in das Trauma und Drama davon einsteigen wollen. Sie wollen Stunden darüber reden, wie schrecklich du bist. Vor Kurzem habe ich mit einem Mann gesprochen, der mir erzählte, dass seine Frau und er sich scheiden ließen. Am nächsten Tag rief mich sein Sohn an und sagte: „Meine Eltern schreien sich die ganze Zeit an. Was kann ich tun?"

Ich sagte: „Frage sie, wie alt sie sind. Sie verhalten sich wie Teenager, die von ihrem Freund oder ihrer Freundin fertiggemacht worden sind. Sie verhalten sich nicht wie Leute mit Gewahrsein."

Der Junge sagte: „Oh."

Offensichtlich tat er es. Sein Vater rief mich später an und sagte: „Vielen Dank, dass du meinem Jungen geholfen hast. Du hast uns allen geholfen. Ich habe gemerkt, dass ich den ersten Schritt machen muss. Wenn meine Frau mich für alles verantwortlich macht, muss ich sagen: ‚Du hast recht. Es tut mir leid.'"

Das Ablenkungsimplantat ist darauf ausgelegt, dich von dem abzulenken, was ist, es ist dazu gedacht, dich von dem abzuhalten, was möglich ist.

Du musst bereit sein, jedes Werkzeug zu verwenden, das dir zur Verfügung steht. Und dir stehen Werkzeuge nur dann zur Verfügung, wenn du das Ablenkungsimplantat überhaupt nicht abkaufst und stattdessen erkennst: „Oh, da liegt ein Ablenkungsimplantat unter dem, was hier vor sich geht. Das ist eine Art, um mich machtlos zu machen und damit die Machtlosigkeit der Person zu verfechten, mit der ich gerade zusammen bin." Was beides nicht wahr ist.

Dain: Was du darüber gesagt hast, dass es einen immer von anderen Möglichkeiten abhält, ist unheimlich wichtig. Im Fall von Wut habe ich von Gary gelernt, meine Barrieren zu senken. Mich haben schon Leute auf einmal wie verrückt angeschrien, und ich habe einfach meine Barrieren gesenkt, bis ich so verletzlich war, dass ich anfing zu weinen. Das war eine geniale Art, sie zu stoppen. Sie schmelzen einfach dahin.

Und dann habe ich gefragt: „Was geschieht hier wirklich? Was ist das?"

Gary: Erinnerst du dich an den Typen, der dich angerufen hat, weil er dachte, du wärst hinter seiner Frau her?

Dain: Er rief mich an, weil er dachte, ich wäre hinter seiner Frau her – und da kam ordentlich Wut, Aggression, Angst und Hass rüber. „Ich komm rüber und bring dich um."

Ich schob alle meine Barrieren runter und sagte: „Erstens – ich bin nicht hinter deiner Frau her. Zweitens – was kann ich tun, um dich zu unterstützen – denn offensichtlich ist es gerade schwierig für dich. Was kann ich tun, um zu helfen?"

Er fing an, am Telefon zu weinen. Er rief mich später an und wir hatten eine einstündige Unterhaltung. Er erzählte seiner Frau davon und sie schickte mir eine SMS, um mir zu schreiben, dass er gesagt hatte: „Das war die großartigste Stunde meines Lebens. Das hat mehr in meinem Leben geändert als alles, was ich je während meiner dreißig Jahre auf dem Planeten gemacht habe. Sag Dain, dass ich ihn liebe."

Dies sind die Möglichkeiten, die uns zur Verfügung stehen – die Möglichkeiten, die wir haben, wenn wir wir sind, wenn wir uns nicht von der Hundescheiße bestimmen lassen, in die wir reingetreten sind. Das ist, wenn wir sagen: „Ich wasche das jetzt ab und wähle eine andere Möglichkeit."

Call-Teilnehmer: Wenn man anfängt, aus dem Ablenkungsimplantat hinauszugehen, wird man dann mehr Raum? Wie etwa: „Ich bin so viel Raum, dass ich nicht weiß, wie ich in dem Raum sein kann, der ich gerade bin"? Oder eher „Raum hat mir schon immer Spaß gemacht"?

Gary: Nun, wenn du dahin kommst, dass du bereit bist, dieser Raum zu sein, und du nicht bereit bist, zurückzugehen in die Kacke mit den Ablenkungsimplantaten, fängst du an, dich auf einer leicht anderen Wellenlänge als der Rest der Welt zu fühlen.

Call-Teilnehmer: Ja. Es ist fast so, als suchte ich nach dem Referenzpunkt der Kacke.

Gary: Ja, ich weiß, aber du musst aufhören, nach dem Referenzpunkt der Kacke zu suchen. Du musst fragen: „Welche Wahl gibt es hier wirklich?"

Wenn du aus den Ablenkungsimplantaten aussteigst, bist du nicht auf der gleichen Wellenlänge wie der Rest der Welt, weil der Rest der Welt durch die Ablenkungsimplantate kontrolliert wird, als sei dies die einzige Wahl, die zur Verfügung steht.

Call-Teilnehmer: Vielen Dank.

Gary: Dies ist der Schlüssel dazu, alles aufzuschließen, was für mich eine Begrenzung gewesen ist.

Ich habe kürzlich eine Stunde lang mit meiner Schwester gesprochen und sie redete davon, was gut für sie war und was gut für sie war, und sie stellte mir keine einzige Frage. Hatte sie echtes Interesse an mir? Nein, sie hatte kein Interesse an dem, was ich tat, dafür, wie mein Leben ist. Sie wollte nichts davon wissen. Sie hatte nur ein Interesse, weil wir blutsverwandt sind.

Ich dachte bei mir: „Okay, cool, wenn es das für dich ist, was es ist, dann ist das für dich, was es ist." Ich brauche nicht, dass sie mich hört. Ich muss nicht wütend auf sie sein. Ich muss sie nicht dazu bringen zu sehen, was ich sehe. Ich lasse einfach zu, dass sie hat und ist, was immer sie wählt.

Wenn ihr aus den Ablenkungsimplantaten herauskommt, hört ihr auf zu versuchen, die Leute dazu zu bringen, eure Ansicht nachzuvollziehen. Ihr fangt an, die Leute sehen zu lassen, wo sie sind, und die Elemente zu sein, die sie bereit sind zu sein. Ihr habt keine Projektionen oder Erwartungen an sie. Aber solange ihr in den Ablenkungsimplantaten seid, tendiert ihr dazu, Dinge auf andere zu projizieren und von ihnen zu erwarten.

Call-Teilnehmer: Man sagt also: „Ich hatte unrecht. Ich bin schuld", plant aber immer noch, die Wahl beizubehalten, die man getroffen hat. Gibt es noch etwas, das erforderlich ist?

IHR KÖNNT AN KEINER WAHL FESTHALTEN, DIE IHR GETROFFEN HABT

Gary: Nein, nein, nein. Wenn du an einer Wahl festhältst, die du getroffen hast, ist das eine Entscheidung. Es ist eine Bewertung. Wenn du die Wahl kreierst, aufzutauchen und dich mit dem anderen auseinanderzusetzen und mit dem, von wo aus er funktioniert, beginnt er sich zu ändern, und dann musst du dich verändern. Du kannst nicht an der Wahl festhalten, die du getroffen hast.

Ich habe nie an einer Wahl festgehalten, die ich getroffen habe. Ich kann wählen, wütend zu sein, aber es dauert nicht an. Warum? Weil ich, sobald der andere anfängt, sich zu verändern, mich auch verändere. Veränderung ist das Bewegtwerden, das die Begrenzungen und den Mangel an Möglichkeiten eliminiert. Man kann dann von einer anderen Zeit aus schauen. Ich treffe nicht eine Wahl und halte dann daran fest. Eine Wahl taugt nur für zehn Sekunden.

Ich treffe eine Wahl in Zehn-Sekunden-Abschnitten, und etwas beginnt sich zu verändern, und ich treffe eine neue Wahl – denn nichts bleibt gleich. Jede Wahl kreiert eine andere Möglichkeit. Jede Wahl kreiert ein anderes Gewahrsein. Jede Frage kreiert eine andere Möglichkeit und ein anderes Gewahrsein. Du beginnst zu erkennen, dass es das ist, wonach du wirklich strebst – Gewahrsein, Möglichkeiten, Fragen, Wahl und Beitrag.

Jede Person ist ein Beitrag zu dem, was vor sich geht. Ich bin schon sauer auf Leute geworden und bin zu ihnen gegangen, um darüber zu sprechen, dass ich wütend oder gekränkt war, und ganz plötzlich veränderte es sich, weil ich bereit war anzuerkennen: „Okay, ich war hier in einem Ablenkungsimplantat. Was ist die Lüge hier?" Wenn ihr in einer Lüge feststeckt, müsst ihr übergehen zu: „Ich muss das verändern", „Das funktioniert nicht" oder „Hier ist etwas falsch".

Es ist ein vollkommen anderes Universum, wenn ihr versteht, dass die Wut wegen der Lüge da ist, und sobald ihr die Lüge entdeckt, zerfällt die Wut. Nehmen wir zum Beispiel an, ihr wisst, dass euch jemand anlügt, und ihr seid wütend, weil derjenige euch anlügt. Dann erkennt ihr plötzlich die Lüge, die derjenige sich selbst erzählt hat, und eure Wut verschwindet, und die Wahl und der Beitrag, der ihr für denjenigen sein könnt, um andere Möglichkeiten zu kreieren, wird unglaublich. Alles verändert sich. Das bringt alles zum Funktionieren.

Das ist das Tolle daran, wenn man Bewegtwerden hat. Wenn ihr im Bewegtwerden seid und das aus einem Ort der Nichtablenkung heraus macht, wird dieses Bewegtwerden ein ständiger Zustand sich erweiternder Möglichkeiten, Realitäten, Universen und von allem anderen. Das erfordert keinerlei Begrenzung oder Zusammenziehen von euch. Und auch nicht, dass ihr jemand anderes zusammenzieht.

Call-Teilnehmer: Also können wir bei Wut fragen, was die Lüge ist und das wird helfen, sie aufzulösen? Und sobald man die Lüge erkannt hat, kann man sagen: „Oh okay!", und dann die Wut loslassen. Funktionieren irgendwelche der anderen Ablenkungsimplantate auch so?

Gary: Bei Wut müsst ihr fragen: „Ist dies ein Ablenkungsimplantat oder basiert das auf einer Lüge?" Wut ist das Einzige, das so funktioniert. Der Rest scheint nicht so zu funktionieren.

Wut ist dann „gerechtfertigt" und „angemessen", wenn eine Lüge vorliegt – denn wenn euch jemand anlügt, kreiert das eine Energie, die dem Ablenkungsimplantat ähnlich ist. Sie ist dem Ablenkungsimplantat *ähnlich*, aber tatsächlich ganz anders.

Habt ihr schon einmal gesehen, wie jemand wütend auf sein Pferd wurde? Er schlägt sein Pferd und macht alles Mögliche. Du kannst in deinem Kopf sagen: „Das funktioniert nicht. Warum tust du das?" Es funktioniert nicht, auf ein Pferd wütend zu werden wegen etwas, das es vor fünf Minuten gemacht hat. Ich arbeitete mit einer Dame, die mit ihr Pferd ausreiten wollte, und wenn es gegen einen Zaun stieß, wenn es vom Platz kam, prügelte sie es wie besessen. Das Pferd hatte keine Ahnung, warum es geschlagen wurde. Alles, was das bewirkte, war unglaubliche Verwirrung.

Call-Teilnehmer: Meinst du, dass es zwei Arten von Wut gibt? Eine Wut, die auf einer Lüge basiert, die gerechtfertigt ist. Und dann gibt es die Ablenkung, wo man einfach außer Kontrolle ist.

Gary: Ja, man ist außer Kontrolle, und es ist dazu gedacht, einen davon abzuhalten zu sehen, was ist. Und wenn die Leute nicht sehen wollen, was ist, selbst, wenn man versucht, es ihnen zu erklären oder zu zeigen oder mit ihnen über die Lüge zu sprechen, ist das ein Ablenkungsimplantat. Unter diesen Bedingungen kann man ihnen nichts zeigen. Es funktioniert nicht.

Ablenkungsimplantate sind dazu gedacht, euch zu stoppen. Sie sind dazu ausgelegt, euch zu stoppen, kleiner zu machen, euch zum Zusammenziehen zu bringen, euch geringer zu machen. Wenn ihr irgendetwas davon als real abkauft, rechtfertigt ihr, warum ihr euch stoppen, zusammenziehen und begrenzt machen wollt.

Ich danke euch allen dafür, dass ihr bei diesem Call seid. Dies ist eine tolle Reihe an Calls gewesen und ich hoffe, sie werden eine Menge Veränderung für euch alle bewirken.

Dain: Gary, vielen Dank für diese großartigen Prozesse und Erkenntnisse. Ich bin so dankbar, bei diesem Call mit euch gewesen zu sein. Ich finde euch alle einfach großartig. Ihr seid wunderbar. Und was ist jetzt noch alles möglich?

Call-Teilnehmer: Danke, dass ihr diese Calls macht. Sie verändern viel in meinem Leben.

Teilnehmer: Danke, Gary und Dain. Wir lieben euch.

KAPITEL SECHS

ANGST, ZWEIFEL, BUSINESS UND BEZIEHUNG

Gary: Hallo allerseits. Dr. Dain und ich sind derzeit in Neuseeland, und Dain gibt gerade ein Fernsehinterview. Er kommt später dazu, wenn er rechtzeitig fertig wird.

Heute werden wir über die Ablenkungsimplantate Angst, Zweifel, Business und Beziehung sprechen. Was ihr bei den Ablenkungsimplantaten verstehen müsst, ist, dass sie dazu gedacht sind, euch davon abzuhalten, die Macht und Potenz zu sehen, die ihr seid. Das ist ihre ganze Aufgabe: euch nie wählen zu lassen, die Macht und Potenz zu sein, die ihr seid.

ANGST UND ZWEIFEL

Angst und Zweifel sind nur Ablenkungen. Zweifeln ist, was ihr tut, um euch zu stoppen. Tatsächlich ist alles, was euch stoppt, eine Ablenkung. Wie könnt ihr als unendliche Wesen gestoppt werden? Das geht nicht.

Call-Teilnehmer: Nehmen wir an, man fängt an, eines der Ablenkungsimplantate Angst, Zweifel oder was auch immer zu fühlen ...

Gary: POCe und PODe es.

Call-Teilnehmer: Sagt man einfach: „Es existiert nicht, also POCe und PODe ich es?

Gary: POCe und PODe es und alles, was das Ablenkungsimplantat ausrichten soll. Sage: „Das passiert mir nicht." Wenn du wegen irgendetwas Angst hast, POCe und PODe das. Und dann, nachdem du das Ablenkungsimplantat POCst und PODest, stelle eine Frage: „Was habe ich noch nicht einmal in Betracht gezogen?"

BEZIEHUNG

Call-Teilnehmer: Ich habe eine Frage über Beziehung. Wenn wir mit allem verbunden sind, wann wird das zu einer Beziehung?

Gary: *Beziehung* wird als der Abstand zwischen dir und jemand anders definiert. Bei einer Beziehung geht es immer um den Abstand zwischen zwei Objekten. Wir stehen zueinander in Beziehung. Der Mond steht im Verhältnis zur Sonne. Die Sonne steht im Verhältnis zur Erde. Beziehung ist der Abstand, der uns weiter umeinanderkreisen lässt, ohne dass wir tatsächlich das Einssein und die Verbindung sind, die wir wirklich sind.

Wenn ihr eine neue Beziehung beginnt, schaut ihr euch jemanden an und sagt: „Das ist der Eine. Das ist es." Was welche Frage ist? Keine. Und von da aus startet ihr in „Jetzt, wo wir eine Beziehung haben, kann dies nicht richtig sein, und etwas ist falsch, und wir müssen etwas anders machen." Oh ja, wirklich? Seid ihr sicher?

Sobald ihr eine Beziehung eingeht, lasst ihr euch ganz darauf ein, ihr gebt einen Teil eurer Ansicht auf, um die Beziehung zu behalten, als sei eine Beziehung das wertvolle Produkt und nicht ihr. Ihr beginnt, Teile von euch abzuschneiden, um die Beziehung aufrechtzuerhalten. Das genau ist die Aufgabe der Ablenkungsimplantate – euch davon abzubringen, für euch zu wählen, und an einen Ort zu bringen, wo ihr versucht, für die Beziehung zu wählen.

BUSINESS

Call-Teilnehmer: Ich habe in letzter Zeit einige Rückschläge in meinem Business gehabt. Ich habe gerade meine Steuererklärung erledigt, was das

Gewahrsein hochgebracht hat, dass ich nicht bereit gewesen bin, mein Business zu generieren, weil ich einen großen Widerstand und Reaktion gegenüber Steuern und Steuerprüfungen habe. Ich habe die Ansicht, dass ich nicht mehr Geld machen möchte, damit die Regierung mir nicht mein Geld abnehmen kann. So werde ich sie austricksen.

Gary: Das ist nicht deine beste Wahl. Das ist ein Ablenkungsimplantat in Bezug auf Business. Was würde es brauchen, das zu ändern? Jedes Mal, wenn du ein Geschäft eingehst, POCe und PODe all die Ablenkungsimplantate dazu.

Der Sinn dahinter, die Ablenkungsimplantate zu kennen, liegt darin, in der Lage zu sein, die Informationen zu nutzen, um euch von ihnen zu befreien. Die meisten von euch versuchen, sie als real abzukaufen, und dann versucht ihr, sie loszuwerden. Nein, ihr werdet sie nicht los. Ihr schaut sie euch an und sagt: „Wie viel davon ist ein Ablenkungsimplantat? All das – POC und POD."

Die Leute lassen sich immer wieder auf diese Sachen ein, anstatt einen Schritt zurückzutreten und zu sagen: „Oh, okay, hier muss es ein Ablenkungsimplantat geben, denn das hier funktioniert nicht." Wenn etwas in deinem Business nicht funktioniert, liegt das daran, dass du in einem Ablenkungsimplantat festhängst. Egal, welcher Teil deines Business nicht gut funktioniert, POCe und PODe all die Ablenkungsimplantate, die verhindern, dass es erfolgreich ist. Du als unendliches Wesen würdest aus welchem Grund wählen, ein Business zu haben, das nicht funktioniert?

Es ist dasselbe mit eurer Beziehung. Jedes Mal, wenn ihr eine Beziehung eingeht, POCt und PODet jedes Ablenkungsimplantat, das damit verbunden ist. Das gilt für eure Beziehung zu euren Kindern, eure Beziehung zu eurem Business, eure Beziehung zu euren Eltern, eure Beziehung zu allem. Ihr müsst sagen: „All die Ablenkungsimplantate, die damit verbunden sind, POC und POD."

Als ich das erste Mal von den Ablenkungsimplantaten erfuhr, sagte ich jedes Mal, wenn ich eines fand: „Okay, Business, all die Ablenkungsimplantate hier, POC und POD." Und dann fragte ich:

- Als was würde ich mein Business gerne kreieren?

- Wie würde es gerne kreiert werden?

- Was wäre generierend und kreativ?

Ablenkungsimplantate sollen euch dazu bringen, in das hineinzugehen, was zusammenziehend wirkt, und von dem Abstand zu nehmen, was generierend und kreativ ist. Sie dienen dazu, die Ablenkungsimplantatsrealität als die Gesamtsumme dessen einzurichten, was eure Wahlen sind. Ihr müsst anders wählen. Das ist alles, was ihr tun müsst – anders wählen. Ich hoffe, ich habe das deutlich genug gemacht.

Call-Teilnehmer: Ich habe bemerkt, dass es viele Dinge gibt, die ich mit meinem Business einrichten, kreieren und generieren könnte. Das wäre nicht schwer. Und diese Dinge würden mehr Leichtigkeit und größere Geldflüsse schaffen, doch treffe ich auf Widerstand, sie zu tun.

Gary: Das sind Ablenkungsimplantate. Du siehst, was du tun könntest und schiebst es entweder auf oder tust es gar nicht. Ihr als Humanoide schiebt Dinge auf, um zu beweisen, dass ihr stark seid. Am Ende kommt ihr wieder dabei raus und schafft alles, obwohl ihr alles aufgeschoben hattet.

Angst, Zweifel, Business und Beziehung sind alle dazu gedacht, euch an einem Ort zu halten, wo ihr niemals wählt, was ihr wirklich gerne hättet. Ihr lenkt euch selbst davon ab, das zu wünschen, was ihr euch wirklich im Leben wünscht. Die meisten von euch sind nicht bereitzuhaben, was ihr in eurem Leben haben solltet.

Welche physische Verwirklichung der tödlichen und ewigen Krankheit, alles zu haben, was ihr gerne hättet und euch wünscht, erkennt ihr nicht als die Perfektion und den Erwerb der Ablenkungsimplantate, insbesondere Angst, Zweifel, Business und Beziehung, als die Gesamtsumme der Wahl an? Alles, was das ist, mal Gottzillionen, zerstört und unkreiert ihr das alles? Right and Wrong, Good and Bad, POD and POC, All 9, Shorts, Boys and Beyonds.

Ihr glaubt, wenn ihr alles bekämt, worum ihr gebeten habt, wenn ihr alles bekämt, was ihr gerne hättet, und wenn alles bei euch klappen würde, wäre das Leben zu einfach. Und wenn das Leben zu einfach werden würde, wäre es dann wert, gelebt zu werden? Nein. Deswegen ist das Ablenkungsimplantat „Lebensweise", was es ist. Ihr wollt euer Leben nicht so einfach haben, dass es keine Mühe kostet. Ihr denkt, wenn es keine Mühe macht, kann es keinen Wert haben. Sobald es schwer zu erreichen ist, seid ihr am Leben. Meiner Einschätzung nach ist das nicht ganz korrekt.

Welche physische Verwirklichung der tödlichen und ewigen Krankheit, alles zu haben, was ihr gerne hättet und euch wünscht, erkennt ihr nicht als die Perfektion und den Erwerb der Ablenkungsimplantate Angst, Zweifel, Business und Beziehung und dem ganzen Rest als die Gesamtsumme eurer Wahl an? Alles, was das ist, mal Gottzillionen, zerstört und unkreiert ihr das alles? Right and Wrong, Good and Bad, POD and POC, All 9, Shorts, Boys and Beyonds.

Call-Teilnehmer: Gary, wenn du von Erwerb sprichst, meinst du dann erwerben im Sinne von etwas kaufen?

Gary: Ja, *kaufen*, im Sinne von *als wahr akzeptieren.* Ablenkungsimplantate sind nicht real, aber ihr kauft sie ab, weil alle anderen das tun. Ihr nehmt an, sie müssten auch für euch real sein, was nicht korrekt ist, aber wir meinen immer weiter, weil alle anderen es tun, müssen wir sie auch erwerben. Ihr müsst die Ablenkungsimplantate nicht abkaufen.

Call-Teilnehmer: Kannst du bitte mehr dazu sagen, was du meinst, wenn du sagst „als die Gesamtsumme eurer Wahl"? Meinst du, dass ich Ablenkungsimplantate als meine Wahl benutze?

Gary: Du denkst, die Ablenkungsimplantate entsprechen deiner Wahl. Du hast beschlossen, dass sie deiner Wahl entsprechen. Es ist, als ob du versuchst, die Ablenkungsimplantate für dich zum Funktionieren zu bringen – aber das tun sie nie. Wie oft wählst du zum Beispiel eine

Beziehung, die dir nicht alles geben wird, das du möchtest?

Call-Teilnehmer: Immer.

Gary: Ja, immer. Wie oft betreibst du Business von einem Ort aus, der irgendwie schon funktioniert, aber nicht komplett? Es ist nicht einfach – es gibt immer ein Problem dabei.

Call-Teilnehmer: Ich mache das nicht so sehr mit dem Business, aber ich verstehe, was du sagst.

Gary: Und auch bei Business und Geld gelangst du an Orte, wo du dich mit Problemen auseinandersetzen musst?

Call-Teilnehmer: Auf jeden Fall.

Gary: Wie wäre es, wenn du dich mit Business und Geld aus der Leichtigkeit und nicht von Problemen aus befassen würdest?

Call-Teilnehmer: Also handle ich von Ablenkungsimplantaten aus oder wähle sie?

Gary: Ja. Wir tun das, weil alle anderen sie erwerben, und weil alle anderen sie besitzen, nehmen wir an, dass wir sie auch besitzen müssen.

Call-Teilnehmer: Wie wäre es, das nicht zu tun? Was ist da noch?

Gary: Ihr müsst fragen:

- Was ist sonst noch möglich?

- Was kann ich noch wählen?

- Was hätte ich wirklich gerne, dass in meinem Business funktioniert?

Alle betreiben Business oder Beziehung aus diesem seltsamen Ort der Ablenkungsimplantate, und dann wundern sie sich, warum ihr Business und ihre Beziehung nicht funktioniert. Sie trennen sich von ihren Partnern oder Businesspartnern. Sie arbeiten nicht daran, und sie stellen nicht sicher, dass ihr Businesspartner auch Geld macht.

Call-Teilnehmer: Genau.

Gary: Ich schaue mir das an und frage:

- Wie bringen wir das zum Funktionieren?

- Wie können wir das so machen, dass es für uns beide funktioniert?

- Wie machen wir dies großartiger für uns alle?

- Wie stelle ich sicher, dass diese Leute so viel Geld machen wie ich?

Das ist nicht normal. Ich bin der Chef und niemand soll so viel Geld machen wie ich – denn beim Business geht es immer um den Typen, der das Sagen hat, den Typen, der der Chef ist. Der Typ, der es kreiert hat, soll den Großteil des Geldes bekommen, und niemand sonst soll auch nur annähernd so viel kriegen wie er. Das ist keine Ansicht, nach der ich bereit bin zu leben.

Warum? Weil sich, wenn ich das aus der Ansicht heraus tue, dass ich alles bekommen soll, am Ende alle von mir abtrennen müssen – weil Geld die größte Quelle der Kreation für die Beziehung des Business ist.

Habt ihr jemals eine Beziehung gewählt und beschlossen, dass derjenige nicht genug Geld für euch hatte? Oder musstet ihr für alles zahlen, sodass ein Mann euer Lustknabe war? Das schafft einen Ort, wo nichts funktionieren kann. Ihr müsst bereit sein, es euch anzuschauen, wie es ist.

Call-Teilnehmer: Also handelst du aus dem Königreich des Wir?

Gary: Ja, genau.

Call-Teilnehmer: Und ich handle aus dem Königreich des Ich?

Gary: Ja, du handelst aus dem Königreich des Ich. Du versuchst, eine Beziehung zu kreieren, die für dich funktioniert, mit einer Person, die für dich nicht funktionieren kann, mit einer Person, die du nicht als ebenbürtig betrachtest, oder mit einer Person, die dich nicht dazu inspirieren wird, großartiger zu sein. Dazu tendieren wir bei Beziehungen. Wie viele von euch haben eine Beziehung mit jemandem gewählt, der euch nie dazu inspiriert hat, großartiger zu sein, und sich stattdessen immer gewünscht hat, dass ihr weniger seid? Wenn ihr nicht glaubt, dass dies auf euch zutrifft, seid ihr eines der wenigen Wunder auf dem Planeten.

Alles, was das ist, sind die Ablenkungsimplantate, Leute. Zerstört und unkreiert ihr das?

Right and Wrong, Good and Bad, POD and POC, All 9, Shorts, Boys and Beyonds.

Call-Teilnehmer: Ist es von deiner Ansicht aus möglich, überhaupt eine Beziehung mit jemandem zu haben, der aus den Ablenkungsimplantaten heraus funktioniert? Oder ist es etwas, das einfach nicht funktionieren kann?

Gary: Du versuchst gerade, zu einer Schlussfolgerung zu kommen, was genau das ist, wozu die Ablenkungsimplantate gedacht sind – sie sollen euch zu einer Schlussfolgerung und in die Zusammengezogenheit bringen. Ihr müsst eine Frage stellen: „Wie arbeite ich mit dieser Person?", und dann kommt ihr zu: „Oh, sie lebt mit einem Ablenkungsimplantat. Okay, gut. Was muss ich also tun?"

Können wir alles POCen und PODen, das sie glauben lässt, Ablenkungsimplantate seien gut, real und wertvoll? Das können wir, aber in der Regel tun wir es nicht. Wenn ich mit jemandem zu tun habe, der wütend ist, POCe und PODe ich alles, was dieses Ablenkungsimplantat ermöglicht. Ich denke es in meinem Kopf. Was geschieht dann? Das entfernt das Ablenkungsimplantat. Der andere kommt ins Stocken … stockt … stockt … stockt und – stoppt. Das funktioniert für mich. Ihr müsst nutzen, was ihr über Ablenkungsimplantate wisst, und nicht versuchen, euch damit auseinanderzusetzen. Mit einem Implantat könnt ihr euch nicht auseinandersetzen.

Ihr müsst mit jemanden zusammen sein, der wirklich für euch zur Verfügung steht. Und ihr könnt niemanden haben, der für euch zur Verfügung steht, solange ihr nicht bereit seid, über ein Ablenkungsimplantat hinaus zu kreieren und generieren. Es geht um Kreation und Generierung. Lassen wir das nochmal laufen:

Welche physische Verwirklichung der tödlichen und ewigen Krankheit, alles zu haben, was ihr gerne hättet und euch wünscht, erkennt ihr nicht als die Perfektion und den Erwerb der Ablenkungsimplantate Angst, Zweifel, Business und Beziehung und dem ganzen Rest als die Gesamtsumme eurer Wahl an? Alles, was das ist, mal Gottzillionen, zerstört und unkreiert ihr das alles? Right and Wrong, Good and Bad, POD and POC, All 9, Shorts, Boys and Beyonds.

Call-Teilnehmer: Wenn einem etwas zwanghaft durch den Kopf geht, kann man mehr oder weniger davon ausgehen, dass das ein Ablenkungsimplantat ist, selbst, wenn man es nicht in eine der Gruppen einordnen kann, die wir haben?

Gary: Es gibt Sachen, die auf automatischen Widerhall und Möbiusstreifen eingestellt sind. Alles, was euch so durch den Kopf geht, ist ein Möbiusstreifen. POCt und PODet alle Möbiusstreifen, die das bewirken. Macht das bei allem, was triebhaft und zwanghaft läuft und natürlich haben wir suchthafte, zwanghafte und pervertierte Ansichten …

Dain: Ich verweise auf den dritten Call.

Gary: Dr. Dain ist vom Fernsehen zurück!

Dain: Ich beginne gerne meinen Morgen im Fernsehen. Das sollten wir öfter tun.

Gary: Ich tue das meist, indem ich vorm Fernseher hocke. So beginne ich meinen Morgen im Fernsehen.

Welche physische Verwirklichung der tödlichen und ewigen Krankheit, alles zu haben, was ihr gerne hättet und euch wünscht, erkennt ihr nicht als die Perfektion und den Erwerb der Ablenkungsimplantate Angst, Zweifel, Business und Beziehung und dem ganzen Rest als die Gesamtsumme eurer Wahl an? Alles, was das ist, mal Gottzillionen, zerstört und unkreiert ihr das alles? Right and Wrong, Good and Bad, POD and POC, All 9, Shorts, Boys and Beyonds.

Call-Teilnehmer: Ihr habt zuvor erwähnt, dass es bei Beziehungen mit Missbrauch darum geht, dass wir Teile von uns abschneiden, und darum, die Notwendigkeit der Ablenkungsimplantate zu wählen. Schließen wir das in unseren Körper ein?

Gary: Ja, das tut ihr. Alles, was ihr als Notwendigkeit anstatt als Wahl kreiert. Ihr betreibt mehr Notwendigkeit als Wahl, damit ihr immer wieder dasselbe wählen müsst. Deswegen schaut ihr auch immer weiter nach der einen Wahl, die alle Wahlen kreieren wird. Das macht alle Wahl zu einer Notwendigkeit; das ist euch wichtiger als die Freiheit zu haben, alles zu wählen, was ihr euch wünscht. Jedes Mal, wenn ihr eine Wahl zu einer Notwendigkeit macht, schließt ihr sie in euren Körper ein und tut ihm damit weh, denn Notwendigkeiten sind typischerweise dazu entworfen, euren Körper zu töten.

Wie viel Notwendigkeit hast du in deinen Körper eingeschlossen, um deinen armen, süßen, kleinen Körper zu töten, der nicht wirklich sterben möchte? Alles, was das ist, mal Gottzillionen, zerstörst und unkreierst du das alles? Right and Wrong, Good and Bad, POD and POC, All 9, Shorts, Boys and Beyonds.

Dain: In Bezug auf das, was du gerade gesagt hast, Gary, ist etwas ganz dynamisch hochgekommen, und das gilt für alle Ablenkungsimplantate: Wir benutzen sie, um nicht unsere Großartigkeit zu sein. Wir machen sie real, damit wir hineinpassen können.

Wir kreieren diese Notwendigkeiten anstatt die Wahl, um zu beweisen, dass wir nicht mehr Wahl haben und nicht mehr Fähigkeiten haben als irgendjemand sonst auf diesem Planeten. Wir tun dies, anstatt zu fragen: „Was ist anders an mir?" und in der Lage und bereit zu sein, dies zu sein. Wenn wir das täten, würde sich alles mit so viel Leichtigkeit zeigen. Es ist so, als erlaubten wir uns selbst nicht, das zu haben.

Gary: Du hast gerade etwas gesagt, was eine ganze andere Perspektive bei mir angeregt hat, Dain. Mir ist gerade klargeworden, dass diese Ablenkungsimplantate extra dazu ausgelegt sind, uns davon abzuhalten, Anführer in der Welt zu sein.

Dain: Das stimmt auf jeden Fall.

Gary: Ihr wählt sie, weil ihr nicht aus der normalen Realität heraustreten möchtet. Ihr möchtet kein Anführer sein, der eine andere Art von Bewusstsein, eine andere Art von Realität und eine andere Art von Planet kreiert. Ihr würdet eher in diesen verflixten Ablenkungsimplantaten sterben, als zu wählen, diese Art von Anführer zu sein.

Alles, was ihr getan habt, um das realer zu machen als eine andere Möglichkeit, zerstört und unkreiert ihr das alles? Right and Wrong, Good and Bad, POD and POC, All 9, Shorts, Boys and Beyonds.

Dain: Das Gewahrsein hierzu kam mir heute Morgen, als du und ich uns vor dem Fernsehinterview unterhalten haben. Was ich in den vorherigen Fernsehinterviews getan habe, war, mehr zu sein, aber heute früh bin ich aufgewacht und habe geklagt: „Oh, ich kann das nicht sein."

Während wir darüber sprachen, kamen wir darauf, das ich nicht bereit war, die Andersartigkeit zu sein, die ich bin. Ich war im Prinzip nicht bereit, der Anführer zu sein. Ich kapierte es endlich und sagte: „Weißt du was? Ich werde der Anführer sein. Egal, wie das aussieht, ich werde es sein." Ich merkte, dass ich so oft in meinem Leben genau dies getan habe, worüber wir gesprochen haben: Ich bin nicht bereit gewesen, der Anführer zu sein, und dann sah ich, welche Auswirkung es hatte, wenn ich bereit war, das zu sein. Das ist eine vollkommen andere Art, in der Welt zu sein.

Gary:

Wie viele von euch verwenden Ablenkungsimplantate, um nicht zu sein? Jedes Ablenkungsimplantat, das ihr verwendet, damit ihr nicht wirklich sein müsst, zerstört und unkreiert ihr das alles, mal Gottzillionen? Right and Wrong, Good and Bad, POD and POC, All 9, Shorts, Boys and Beyonds.

Call-Teilnehmer: Wie kann man in diese Position hineingehen?

Gary: Indem man anerkennt, dass es Ablenkungen sind. Dies ist ein Ort, an dem ihr wählen müsst. Ihr müsst fragen: „Bin ich hier bereit, der Anführer zu sein, der eine andere Realität kreiert?"

Nehmen wir an, eure Familie hat ein Business, und plötzlich stirbt euer Vater oder die Familie stellt das Business plötzlich ein. Ihr werdet versuchen, in ein Ablenkungsimplantat zu gehen, und zwar: „Oh mein Gott, ich bezweifle, dass ich das tun kann" oder „Ich habe Angst, das nicht tun zu können" oder „Ich weiß nicht, wie man ein Business betreibt" oder „Meine Businessfähigkeiten sind nicht so toll" oder „Meine Beziehung mit meinem Vater war das, was uns im Geschäft gehalten hat" oder „Oh, die Beziehung ist jetzt weg. Was wird funktionieren?" Ihr werdet einen „Oh mein Gott!"-Moment haben, bevor ihr jemals fragt: „Wozu zum Teufel bin ich fähig, das ich nie gewählt habe?" Denn wisst ihr was? Jeder Einzelne von euch hat Fähigkeiten, die ihr noch nie angeschaut, gewählt oder gewünscht habt.

> Alles, was euch davon abhält, das anzuschauen – und dazu ist jedes Ablenkungsimplantat gedacht, euch davon abzuhalten euch anzu-schauen – zerstört und unkreiert ihr das alles? Right and Wrong, Good and Bad, POD and POC, All 9, Shorts, Boys and Beyonds.

Dain: Diese Sache mit der Wahl ist diese Erkenntnis, zu der Gary mich heute früh versucht hat zu bringen. Er sagte etwa zwölf verschiedene Dinge, die dazu gedacht waren, mir die Gelegenheit oder die Möglich-keit zu geben, einfach zu wählen, und anfangs war ich dazu nicht bereit. Schließlich sagte ich: „Ich werde das wählen, egal, was kommt! Auch wenn ich nicht weiß, wie ich dahin kommen soll, auch wenn ich nicht weiß, wie es aussieht, auch wenn ich nicht weiß, was es braucht, ich wähle es."

Erst, als ich das wählte, bekam ich das Gewahrsein, wie es einzurichten wäre. Das müsst ihr euch klarmachen. Es gibt viele Dinge, die ihr euch nicht erlaubt zu wählen, weil ihr denkt, ihr wisst nicht, wie ihr dahin kommen sollt oder ihr wisst nicht, wie ihr es machen sollt. Ihr müsst es einfach wählen – und dann werdet ihr herausfinden, wie ihr dahin kommt, wie ihr es tun müsst und wie ihr es sein könnt.

Gary: Jedes Ablenkungsimplantat ist genau dazu gedacht, euch davon abzuhalten, zu wählen, alles zu sein, was ihr seid. Deswegen sind Ablenkungsimplantate so schwer zu greifen, allgegenwärtig und in jedem Aspekt eures Lebens begrenzend. Sie inspirieren zu keinen Möglichkeiten; sie transpirieren nur Begrenzungen.

Möchtet ihr vor Begrenzungen ins Schwitzen kommen? Dann macht weiter die Ablenkungsimplantate. Möchtet ihr zu Möglichkeiten inspiriert werden? Jedes Mal, wenn ihr auf eines trefft, POCt und PODet es und kreiert eine Frage.

Dain: Heute Morgen, als ich mich bereit machte für den Fernsehauftritt, war mir nicht klar, dass ich mitten in dem Ablenkungsimplantat drinsteckte, von dem aus ich wählte zu funktionieren, welches es auch immer war – der Zweifel, die Angst und all das. Ich funktioniere normalerweise nicht mehr aus der Angst heraus – überhaupt nicht – und erkannte nicht, dass es das war, was da los war.

Ich schlage euch vor, eine Notizseite auf eurem iPad oder einen Zettel zu nehmen und jedes einzelne Ablenkungsimplantat aufzuschreiben. Tragt es nächsten Monat bei euch und schaut, wann immer irgendetwas irgendwie schräg wird, über die Liste und POCt und PODet all diese Dinge.

Ablenkungsimplantate halten euch davon ab, die Leichtigkeit, den Frieden, das Geld, den Sex und die Freude zu haben, nach denen ihr sucht. Dies sind wirklich einige der größten Faktoren, die verhindern, dass all dies geschieht.

Gary: Und es ist einfach eine Wahl, Leute. Die Leute fragen: „Wie kann ich darüber hinwegkommen?" Es geht nicht darum, wie ihr sie überwinden könnt. Sondern: „Warum schaue ich mir das nicht an, erkenne, was es wirklich ist, und höre auf vorzugeben, dass ich keine Wahl habe?" Es ist ein Vorwand, dass ihr keine Wahl habt.

Welche physische Verwirklichung der tödlichen und ewigen Krankheit, alles zu haben, was ihr gerne hättet und euch wünscht, erkennt ihr nicht als die Perfektion und den Erwerb der Ablenkungsimplantate Angst, Zweifel, Business und Beziehung und dem ganzen Rest als die Gesamtsumme eurer Wahl an? Alles, was das ist, mal Gottzillionen, zerstört und unkreiert ihr das alles? Right and Wrong, Good and Bad, POD and POC, All 9, Shorts, Boys and Beyonds.

Ihr verwendet Ablenkungsimplantate, um eure Wahlen zu kreieren. Das ist, als ob ihr sagt: „Ich kann nur zu McDonald's gehen. Das ist das einzige Restaurant, in dem ich essen darf. Es ist das einzige Restaurant, in dem ich essen darf, also gehe ich zu McDonald's."

Ihr habt eine ganze Auswahl an Gourmetmöglichkeiten und stattdessen esst ihr im Fast-Food-Restaurant „Ablenkungsimplantate". Wenn ihr euer Leben als McDonald's wählen möchtet, ist das kein Problem, wenn ihr aber das Gourmetleben und die Gourmetlebensweise haben möchtet, die ihr haben könntet, solltet ihr vielleicht etwas anderes wählen.

Alles, was das ist, mal Gottzillionen, zerstört und unkreiert ihr das alles? Right and Wrong, Good and Bad, POD and POC, All 9, Shorts, Boys and Beyonds.

Call-Teilnehmer: Dain und Gary, habt ihr beide jeweils eine Forderung gestellt, nicht aus Ablenkungsimplantaten zu funktionieren? Wie sah das aus? Was war die Forderung?

Gary: Ich habe einfach gesagt: „Oh, das sind Ablenkungsimplantate. POC und POD. Ich kaufe das nicht ab." Alles, was ich tun musste, war zu hören, dass es Ablenkungsimplantate sind und dass sie dazu entworfen wurden, um mich vom Wählen abzuhalten, und ich sagte: „Nein, das funktioniert nicht für mich. Ich mach das nicht. Punkt."

Ich habe die Wahl getroffen. Etwa so: „Ich werde durch nichts begrenzt sein, und erst recht nicht durch ein blödes Ablenkungsimplantat." Die Forderung, die ich stellte, lautete: „Ich werde durch nichts begrenzt sein. Es ist mir egal, was zum Teufel auf der Welt passiert; ich werde mich dadurch nicht begrenzen lassen."

Dain: Bei mir war das vor zwölf Jahren, als ich sagte: „Ich werde so nicht mehr leben." Das hat die Tür geöffnet. Es gibt Zeiten, in denen es einfach erscheint, als du zu wählen, für dich zu wählen und zu wählen, du selbst zu sein, und es gibt Zeiten, in denen es sich anfühlt, als ob du einfach nicht dahin gelangen kannst. So war es heute Morgen. Gary sagte: „Nun, du könntest dies wählen, du könntest das wählen", und ich sagte: „Ich scheine das nicht wählen zu können". Schließlich fragte Gary mich etwas wie: „Wovon hältst du dich selbst ab, zu sein, das du wirklich bist?"

Jedes Mal, wenn du in einem dieser Ablenkungsimplantate bist, wo du nicht wählen kannst zu sein, hältst du dich selbst davon ab, das zu sein, was du wirklich bist, oder du versteckst dich vor dem, was du wirklich bist.

Ich erkannte, dass ich mir der Universen all dieser anderen Menschen gewahr war. Ich habe meine Presseberaterin, die eine tolle Dame ist, und sie hat ihre Ansichten darüber, wie es sein sollte. Ich habe Freunde, die wunderbare Menschen sind, und sie alle haben Ansichten darüber, wie es sein sollte – und keine dieser Ansichten passt zur Ausdehnung meiner Realität, wenn ich ich selbst bin. Ich erkannte, dass ich meine Realität aufgab, damit ich Teil ihrer Realitäten sein konnte.

Ich merkte, dass es, wenn wir eine Liste mit den Ablenkungsimplantaten irgendwo in unserer Nähe bereit haben, damit wir einen Monat lang ständig darauf schauen können – und die Implantate jedes Mal, wenn eines hochkommt, POCen und PODen – uns erlauben würde, frei davon zu sein.

Call-Teilnehmer: Das ist ein fantastischer Vorschlag!

Gary: Ja, und außerdem würdet ihr wählen, für euch zu sein.

Dain: Ja!

Gary: Ich habe gewählt, frei davon zu sein. Ich habe gefragt: „Wie wäre es, mein Business nicht aus dem Ablenkungsimplantat herauszuführen? Wie wäre es, ein Business zu kreieren, dass tatsächlich für mich funktioniert?" Meine Ansicht über Geld ist, dass sein einziger Zweck darin besteht, die

Realitäten der Menschen zu verändern. Also frage ich: „Wie kann ich das Geld, das ich in meinem Business kreiere, nutzen und wie kann ich mein Business nutzen, um die Realitäten der Leute zu verändern? Was ist sonst noch wichtig?"

Dain: Alles, was derzeit in der Realität in dieser Richtung gemacht wird – die Ansicht, nach der alles wie gehabt läuft – erfolgt aus den Ablenkungsimplantaten. Business, wie es derzeit auf dem Planeten Erde betrieben wird, erfolgt bei fast allen aus einem Ablenkungsimplantat heraus.

Jedes Mal, wenn wir versuchen, eine Ansicht über Business einzunehmen, als Beispiel, oder über Zweifel, wo ich heute Morgen war – ich habe mich ganz dynamisch angezweifelt – basiert das auf dem, was wir von der Ablenkungsimplantatsrealität um uns herum gelernt haben. Es ist überall da draußen, und wenn ihr die Wahl trefft, darüber hinaus zu gehen, werdet ihr den Weg finden, um darüber hinaus zu gehen.

Call-Teilnehmer: Ich habe eine Frage über Beziehung. Mein Ex und ich leben schon seit sechs Jahren nicht mehr zusammen. Wir wollten uns schon eine Weile lang scheiden lassen und doch ist es nie wirklich passiert. Ist das ein Ablenkungsimplantat, das der Ehe nicht erlaubt, sich wirklich aufzulösen?

Gary: Nun, die Ehe ist bereits aufgelöst. Was ihr nicht tut, ist, das rechtliche Zeug umzusetzen, weil es für euch beide viel bequemer ist, den Leuten zu sagen: „Tut mir leid, ich kann nicht mit dir ausgehen. Ich bin noch verheiratet." Auf die Art haltet ihr andere aus eurer Welt heraus. Also herzlichen Glückwunsch, ihr habt da gute Arbeit geleistet. Es ist nur eine Wahl.

Call-Teilnehmer: Ich arbeite als Verwalterin und Buchhalterin für das Familienbusiness meines Mannes. Es ist nicht einfach, wenn persönliche Beziehungen dem Geschäft in die Quere kommen und umgekehrt. Was können wir hier ändern, damit es anders ist?

ZERSTÖRE UND UNKREIERE DEINE BEZIEHUNGEN

Gary: Zunächst einmal, zerstöre und unkreiere jeden Tag, bevor du zur Arbeit gehst, alle deine Beziehungen. Zerstöre und unkreiere deine Beziehung zu deiner Schwiegermutter, mit dem Business und mit allen Leuten, die darin arbeiten. Und frage: „Was kann ich hier verändern, damit es ganz anders ist?"

Call-Teilnehmer: Ich bin auch eine Access Bars®-Facilitatorin und arbeite mit einer Freundin. Wir sind uns unserer gegenseitigen Bewertungen bewusst und POCen und PODen sie, aber es ist für mich nicht leicht, ihre Geschäftspartnerin zu sein.

Gary: Vielleicht möchtest du nicht wirklich die Geschäftspartnerin dieser Person sein. Vielleicht ist sie nicht jemand, mit dem es gut ist, gemeinsam im Business zu sein. Du musst bereit sein, dir das anzusehen. Du musst auch bereit sein, dir anzusehen, was für dich funktionieren wird. Ich schaue mir immer an: „Was wird für mich funktionieren? Was wird es einfach für mich machen?" Beachte, dass ich nicht frage: „Wie muss es sein?"

Wenn du sagst: „Okay, das ist Business, es ist ein Ablenkungsimplantat" und das POCst und PODest, wird es eine andere Realität für dich sein. Wenn du sagst: „Dies ist eine Beziehung. Das ist ein Ablenkungsimplantat, POC und POD alle hiermit verbundenen Ablenkungsimplantate", wird es eine andere Realität sein. Plötzlich wirst du beginnen, Dinge von einem anderen Ort aus zu sehen. Aber du musst dieses Zeug ständig benutzen. Du fängst damit an, und plötzlich bekommst du mehr Gewahrsein und mehr Möglichkeiten.

Call-Teilnehmer: Ist meine Angst vor Ablehnung, mangelndem Erfolg und davor, andere zu enttäuschen, eine Kreation meines Zweifels an mir und meinen Fähigkeiten?

Gary: Nein, das ist sie nicht. Es ist überhaupt keine Kreation von irgendetwas. Du kaufst dich in das Ablenkungsimplantat Zweifel und Angst ein. Jedes Mal, wenn du Zweifel hast, POCe und PODe alle Ablenkungsimplantate, die das kreieren.

Das ist alles, was ihr tun müsst, Leute. Ihr versucht immer noch, es schwer zu machen. Ihr sagt: „Ich will meine Angst in den Griff bekommen." Nein, ihr solltet eure Angst nicht in den Griff bekommen. Ihr solltet alle Ablenkungsimplantate POCen und PODen. Ihr habt keine Angst.

Dain: Ihr könnt etwas nicht regeln, das nicht real ist und das ihr nicht habt. Ihr könnt allerdings den einfachen Weg nehmen. POCt und PODet es einfach, zum Teufel, und macht euch keinen Kopf mehr darüber.

Deswegen sage ich:

- Macht eine Liste mit allen Ablenkungsimplantaten.

- Tragt sie in eurer Tasche bei euch.

- Nehmt sie überall hin mit.

- Schaut immer auf die Liste, um zu sehen, ob ihr gerade ein Ablenkungsimplantat ausagiert. Wenn das so ist, POCt und PODet das.

Wenn ihr das tut, werdet ihr anfangen zu erkennen, dass das, was ihr für „Ich mache etwas falsch" gehalten habt, eigentlich Zweifel sind. Was ihr für dieses schwere Ding gehalten habt, das ihr nicht überwinden konntet, ist tatsächlich Angst. Sobald ihr anfangt, die Ablenkungsimplantate zu POCen und PODen, werdet ihr sie als das erkennen, was sie sind. Manchmal muss etwas erst verschwinden, damit man es klar erkennen kann; dann könnt ihr zurückgehen und sehen, was es wirklich war. Den meisten von uns wurde beigebracht, dass wir, wenn wir herausfinden, was es ist, es zum Verschwinden bringen können. So zäumen wir das Pferd von hinten auf. POCt und PODet es, und während es verschwindet, werdet ihr herausfinden, was es war, und es nicht mehr wählen – es sei denn, es macht euch viel Spaß, das zu wählen.

Call-Teilnehmer: Zweifel ist scheinbar meine liebste Rechtfertigung dafür, nie zu wählen zu handeln. Wann fange ich an, aus einer der Gottzillionen Ideen zu kreieren, die ich habe? Bevor wir mit diesen Calls anfingen, habe ich nicht gesehen, wie sehr ich da tue. Jetzt scheinen Zweifel überall in mei-

nem Universum zu sein. Was ist also sonst noch möglich?

Gary: Frage: „Wenn ich meine Sucht nach Zweifeln aufgebe, welche anderen Möglichkeiten, Fähigkeiten und anderes Zeug, das ich noch nicht einmal in Betracht gezogen habe, würde mir zur Verfügung stehen?" Das ist die Frage, mit der ihr leben müsst, Leute, denn das ist, was euch zur Verfügung steht, wenn ihr aufhört, diese Sachen abzukaufen, und aufhört, sie zu wählen.

Ich habe hier eine Frage von einer Dame zu ihrem Sohn. Er ist zwei Jahre alt und drückt ständig ihre Knöpfe. Sie hasst ihn meistens. Jedes Mal, wenn dein Kind etwas tut, was dich rasend macht, sage: „Ich POCe und PODe alle Ablenkungsimplantate, die das in seiner Welt und in meiner Welt kreieren".

Da der Junge nicht gerne am Kopf berührt wird, klingt es, als könnte er leicht autistisch sein. Autistische Kinder werden sich immer gegen euch wehren. Vielleicht möchtest du mit Anne Maxwell sprechen. Du kannst sie online finden. Sie kann dir wahrscheinlich einige Tipps geben, wie du leichter mit deinem Sohn umgehen kannst. Aber das Wichtigste ist, alle Ablenkungsimplantate zu POCen und PODen, die kreieren, was auch immer jeden Tag mit ihm vorgeht. Du kannst auch alles, was deine Beziehung mit ihm gestern war, POCen und PODen. Zerstöre und unkreiere die Beziehung jeden einzelnen Tag, damit du jeden Tag wie ein unbeschriebenes Blatt beginnst, denn ihr funktioniert beide aus diesen Implantaten heraus.

Dain: Eine Sache, die sie in ihrer Frage angesprochen hatte, die Gary nicht erwähnte, war: „Ich war früher bei Access und dann bin ich weggegangen, sofort nachdem ich schwanger wurde." Es könnte helfen (oder auch nicht), wenn du deinen Sohn fragst: „Bist du sauer auf mich, weil ich mit Access aufgehört habe? Bist du zu mir gekommen, um mich dazu zu bringen, Access zu machen? Und habe ich in deinen Augen Mist gebaut, als ich wegging?"

Wenn das zutrifft, sage: „Es tut mir leid. Mir war nicht klar, dass ich in deinen Augen Mist gebaut habe. Ich hatte mein eigenes Zeug, mit dem ich mich auseinandersetzen musste. Wie kann ich den Schaden wiedergut-machen? Verzeihst du mir bitte?" POCe und PODe alles in deiner Welt, wo er denkt: „Du Dummie, ich bin zu dir gekommen, damit ich Access machen kann, und dann bist du einfach weggegangen, direkt bevor ich auf die Welt kam. Ich hasse dich, ich hasse dich, ich hasse dich", was übri-gens ein Ablenkungsimplantat ist.

Gary: Er ist vielleicht einer der Gründe, aus denen du jetzt zu Access zurückkommst, weil er möchte, was auch immer es ihm gibt.

Dain: Möglicherweise ist er frustriert und ärgerlich, weil du die Ansicht hast, dass du ohne seine Geburt nicht auf den Bewusstseinspfad zurückge-kommen wärst. Das war vielleicht etwas, das er versucht hat, dir zu geben und für dich zu sein. Und möglicherweise war es eine Abwertung seines ureigenen Wesens, dass du zu dem Zeitpunkt nicht dort warst, wo du Access empfangen konntest.

Gary: Frage ihn das, während er schläft; nicht, wenn er wach ist.

Dain: Ja, frage ihn, wenn er schläft, dann POCe und PODe das und alles, wofür du dich bewertest, damit du von einem vollkommen anderen Ort anfangen kannst.

Gary: Ich hoffe, das hilft.

Call-Teilnehmer: Ich zweifle an mir selbst. Ich hatte lange Zeit ein geringes Selbstwertgefühl, und es hat sich geändert und verbessert. Aber es gibt immer noch eine Situation, in der ich komplett gelähmt bin und mich selbst anzweifle. Wie kann ich damit umgehen?

Gary: Noch einmal, du musst verstehen, dass dies Ablenkungsimplantate sind! Jedes Mal, wenn du Zweifel oder Angst verspürst oder dich geringer fühlst, POCe und PODe all die Ablenkungsimplantate, die das kreieren. Bitte, Leute, macht es euch selbst nicht so schwer. Ich weiß nicht, warum ihr gerne so hart arbeitet.

Dain: Ich hatte früher ein ähnliches Gefühl des Zweifels, ein geringes Selbstwertgefühl und Unsicherheit, und ich kann dir sagen, dass es sich umso schneller ändern wird, je mehr du das POCst und PODest. Ich konnte nicht verstehen, wie andere Leute herumlaufen konnten, als ob sie total selbstsicher wären und keine Selbstwertprobleme hätten. Ich habe das nie kapiert, bis mir klar wurde, dass dies eine Wahl ist, die man hat.

Call-Teilnehmer: Ich weiß, ihr sagt, Angst sei eine Lüge, aber ich habe Angst vor Hunden. Ich habe ganz oft alle Energien im Zusammenhang mit meiner Angst gePOCt und gePODet, aber leider hilft das nicht vollständig. Ich habe immer noch Angst. Das ist sehr hinderlich für mich. Wie kann ich meine Angst vor Hunden verändern?

Dain: (spricht mit Intensität) Hier ist etwas, das ich wissen möchte: Welche Potenz verweigerst du mit all diesem Mist, von dem du vorgibst, dass er du bist, mit deiner Angst, deinem Zweifel und deiner Ansicht „Ich bin so erbärmlich, dass ich kaum verdiene zu atmen"? Was zum Teufel tust du da? Was erlegst du dir selbst und der Welt auf, wenn du vorgibst, dass das wahr für dich ist? Denn du bist ein machtvolles Wesen, ob du es nun weißt oder nicht. Ich sage das übrigens aus persönlicher Erfahrung.

Gary: (zu Dain) Wer zum Teufel ist denn da gerade aufgetaucht?

Dain: Pass auf. Ich erkannte es, nachdem ich deine zweite Frage darüber gehört habe, wie erbärmlich du vorgibst zu sein. Du denkst, das sei real für dich. Aber du hast eine ernstzunehmende Potenz, meine Liebe, egal, wie dein Leben bisher ausgesehen hat. Du hast eine ernsthafte Potenz, die du zur Impotenz verdrehst, von der du vorgibst, sie sei real für dich. Kannst du mir einen Gefallen tun – einen persönlichen Gefallen – hörst du jetzt auf, bevor ich zu dir komme und dich umbringe? Danke!

> Alles, was das ist, mal Gottzillionen, zerstörst und unkreierst du das bitte? Right and Wrong, Good and Bad, POD and POC, All 9, Shorts, Boys and Beyonds.

Viele von euch erkennen dies vielleicht auch bei sich. Lasst diesen Prozess über die nächsten drei Wochen laufen:

> Welche Potenz verweigere ich mit dieser Angst, diesem Zweifel und all dem anderen Mist, den ich wähle? All das zerstören und unkreieren,

mal Gottzillionen. Right and Wrong, Good and Bad, POD and POC, All 9, Shorts, Boys and Beyonds.

Gary: Du machst mir Angst, Dain! Ich werde weglaufen.

Dain: Etwas hat mich gerade angeschaltet. Ich habe das einfach gesehen und gesagt: „Genug!" Wir tun uns diese Dinge so dynamisch an! Wie haben so viel Potenz und so viele Fähigkeiten, die wir uns weigern zu kennen.

Call-Teilnehmer: Ich merke, dass ich massiv kreiere, und doch habe ich die Ansicht, es sei nicht möglich. Ich erkenne das als ein Zweifelsimplantat und versuche es wegzuschicken. Nun flüstert da ein neuer Gedanke, dass ich in einer Fantasie lebe, wenn ich versuche, etwas derart Großes zu kreieren.

Gary: Das tust du auch. Das ist die Fantasiewelt, von der du immer gewusst hast, dass sie wahr ist, von der alle dir sagten, sie könne nicht sein. Willkommen in unserer Welt. Du und ich leben in einer Fantasiewelt nach den Standards anderer Leute. Die Leute sagen mir ständig: „Das kannst du nicht machen." Dann mache ich, was sie sagen, dass nicht gemacht werden kann, und es funktioniert.

Als ich hier in Neuseeland ankam, ging ich in meinen zweitliebsten Antiquitätenladen auf der ganzen Welt und kaufte einen Haufen Zeug für meinen Antiquitätenladen in Brisbane. Als ich alles abholen wollte, sagte der Ladenbesitzer zu mir: „Wir sind so dankbar, dass Sie gekommen sind. Wir waren kurz davor zu schließen. Wir haben seit drei Monaten schlechte Zeiten gehabt und wussten nicht, was wir tun würden. Sie haben uns gerade das Leben gerettet." Es ist eine andere Welt, wenn man jemandes Leben so rettet. Das kreiert eine ganz andere Kombination an Möglichkeiten. Es gibt eine andere Realität für euch. Es ist, als ob ihr in einer Fantasiewelt lebt, die es nicht geben sollte.

Die Vorstellung, dass es nicht so sein sollte, sind die Ablenkungsimplantate der McDonald's-Welt, in der alle anderen leben. Ihr lebt in einer fantastischen Gourmet-Welt, in der alles, was ihr kostet, und alles, was ihr esst, für euch funktioniert. Ihr bekommt alles, was ihr euch wirklich wünscht, alles, was ihr braucht, und alles, was ihr wollt. Ihr bekommt alles. So sollte es sein.

Call-Teilnehmer: Mein Leben bricht gerade zusammen. Ich bin nun seit einem Jahr alleinerziehende Mutter, und der Teil gefällt mir. Ich habe mein eigenes Business in der Gegend, in der ich lebe. Aber ich fühle mich alleine und ein wenig deprimiert, da ich die letzten sechs Jahre mit den Freunden und der Familie meines Ex-Mannes verbracht habe. Also bin ich hier nun ziemlich alleine und hab das Gefühl, ich stecke fest. Ich kann nicht erkennen, wie ich mich selbst und mein Business in Schwung bringen soll. Meine Kunden werden nicht mit mir umziehen. Das wird zu weit weg für sie sein. Und das ist mein Einkommen im Moment. Ich möchte in die Stadt ziehen, wo ich vorher gelebt habe, aber die Wohnungen dort sind teurer, und es wird Zeit brauchen, eine Kundschaft aufzubauen. Geldmäßig sieht es gerade nicht gut aus.

Gary: Ich möchte etwas anmerken: Du hast keine einzige Frage gestellt. Nichts von dem, was du gesagt hast, war eine Frage, oder? Das sind alles Schlussfolgerungen. Das sind alles Schlussfolgerungen, die auf den Ablenkungsimplantaten Angst und Zweifel basieren.

Also zunächst einmal: Es gibt andere Alternativen. Entweder/oder sind nicht die einzigen Wahlen auf der Welt, Leute. Du könntest zum Beispiel für einige Tage in der Woche in die Stadt gehen, einen Büroraum mieten und anfangen, eine Kundschaft an dem neuen Ort aufzubauen, bis du genug Kunden hast, um dorthin zu ziehen.

Dain: Selbst, wenn du einfach einen Raum in jemandes Praxis mietest oder von einem Heilzentrum aus arbeitest. Das ist eine Möglichkeit. Mach das am Anfang nur einige Tage pro Woche. Wenn du einen Schritt unternimmst, gibt dir das genug Ermutigung, um den nächsten Schritt zu unternehmen, und dann noch einen und noch einen. Selbst wenn du in die Stadt fährst und dich umsiehst oder die Anzeigen anschaust und dir anschaust, was die Leute vermieten, ist das etwas, das beginnen wird, alles umzudrehen. Und lass dich nicht entmutigen, wenn es sich nicht so gut entwickelt – bleib einfach dran.

Gary: Du agierst aus den Ablenkungsimplantaten Angst, Zweifel, Business und Beziehung, sowie aus den Schlussfolgerungen, die du getroffen hast. Alle diese Ablenkungsimplantate halten dich an einem Ort fest, wo du denkst, du hast keine Wahl. Und genau dazu sind sie gedacht.

Call-Teilnehmer: Ich bin zu jemandem geworden, der ich nicht sein möchte. Vor vielen Jahren war ich glücklich und viele Leute verbrachten Zeit mit mir. Nun werde ich defensiv, sobald auch nur die kleinste Bemerkung fällt.

Gary: Wenn du so defensiv bist, warst du in einer Beziehung mit Missbrauch. Der Missbrauch basierte darauf, dass du bereit warst, dich zu verkaufen, um eine Beziehung zu haben. Das ist die Ansicht aus dem Ablenkungsimplantat.

Wie viele von euch haben sich selbst in eurer Beziehung verkauft? In eurer Beziehung, im Business, in eurer Beziehung zu eurer Angst und in eurer Beziehung zu eurem Zweifel? Dies sind die Verkaufsstellen, die jedes Mal über den Erwerb wieder zum Ablenkungsimplantat zurückführen. Alles, was das ist, mal Gottzillionen, zerstört und unkreiert ihr das alles? Right and Wrong, Good and Bad, POD and POC, All 9, Shorts, Boys and Beyonds.

Du bist wahrscheinlich klug, und weil du klug bist und glücklich warst, nimmst du an, du könntest nicht in einer missbräuchlichen Beziehung sein. Missbrauch passiert Schrittchen für Schrittchen, Leute. Ihr müsst euch einige der Missbrauch-CDs anhören, die wir haben, und ihr müsst euch darüber klar werden, dass es eine andere Möglichkeit gibt.

Wenn du defensiv bist und nur auf das nächste Fiasko wartest, bist du in einer Verteidigungsposition gewesen, die durch eine missbräuchliche Beziehung hervorgerufen wurde. Du musst das klären, bevor du all diese Informationen über Ablenkungsimplantate kapierst.

Call-Teilnehmer: Das ist übel. Ich drehe mich im Kreis. Ich bin kein Opfer, aber ich bin ziemlich verwirrt.

Gary: Das liegt daran, dass dir Informationen fehlen, und hoffentlich wird diese Information dich in den Veränderungsprozess von all dem bringen.

Call-Teilnehmer: Gary, ich war in einer Beziehung, in der es körperlichen und verbalen Missbrauch gab. Die Werkzeuge von Access haben mir wirklich dabei geholfen, etwas anderes zu wählen. Ich verwende viele der Werkzeuge und sie klären eine Menge. In letzter Zeit habe ich allerdings das Gefühl, als werde ich empfindlicher gegenüber Leuten. Mir scheint, ich bin überempfindlich bei dem, was sie sagen. Ich habe ein paar Mal einen Austausch mit einigen anderen Leuten gemacht, die metaphysisches Zeug machen, und sie sagten alle, ich hätte ein gebrochenes Herz.

Gary: Kann ich dir eine Frage stellen?

Call-Teilnehmer: Ja, bitte.

Gary: Welche Frage ist „Du hast ein gebrochenes Herz"?

Call-Teilnehmer: Ja, ich weiß, dass darin keine Frage steckt.

Gary: Sie haben dir einfach ihre Antwort gegeben und die nagelt dich jetzt fest. Wenn du zu metaphysischen Leuten gehst, verschwendest du dein Geld, so schnell du nur kannst, weil alles, was sie tun werden, ist, dir ihre Antwort zu geben. Das ist ihre Ansicht darüber, womit du dich auseinanderzusetzen hast. Ihre Ansicht darüber, was dein Problem und dein „Thema" ist. Sie sind nicht daran interessiert, dass du gewahr wirst. Sie sind daran interessiert, dass du mehr von ihren Waren kaufst. In wie vielen Lebenszeiten hast du die Vorstellung abgekauft, dass du ein gebrochenes Herz hast? Und nein, du bist nicht empfindlich; du bist gewahr. Welchen Teil von gewahr kapierst du nicht?

Alles, was das ist, mal Gottzillionen, zerstörst und unkreierst du das alles? Right and Wrong, Good and Bad, POD and POC, All 9, Shorts, Boys and Beyonds.

Du musst anfangen, dir das anzuschauen, und fragen: „Ist das wahr? Habe ich ein gebrochenes Herz?" Wenn du ein gebrochenes Herz hättest, wärst du tot! Du hast kein gebrochenes Herz. Du hast dein Vertrauen in Beziehungen verloren, aber das ist nichts Schlechtes. Du solltest kein blindes Vertrauen in Beziehungen haben. Du solltest dir ansehen, was ist, und sagen: „Ist das ein guter Mensch? Wird er sich um mich kümmern und wird er mich lieben und wird ihm an mir liegen? Möchte er mit mir zusammen sein?" Nicht: „Ich brauche einen guten Menschen, der mich vollkommen liebt, und jetzt wird mein Herz heilen." Was für ein Haufen Mist. Es tut mir leid, dass du in einer missbräuchlichen Beziehung warst. Muss dein Körper weinen? Ja, dein Körper muss weinen. Lass ihn verflixt nochmal weinen. Hör auf damit, ihn zu stoppen!

Dain: Hast du wirklich ein gebrochenes Herz? Oder bist du in eine riesige Menge an Gewahrsein hineingegangen? Und wenn du Gewahrsein als das bezeichnen würdest, was es tatsächlich ist, würde dein Körper endlich dieses Zeug loslassen, das er versucht hat, loszulassen, anstatt auf einen Möbiusstreifen zu gehen, der auf jemand anderes Lüge und dem Aufdrücken seiner Aussage basiert, du habest ein gebrochenes Herz? Sorry, ich bin sicher, dass du merkst, dass wir das ein wenig intensiv rüberbringen.

Call-Teilnehmer: Ja, das ist in Ordnung. Ich möchte das loswerden. Ich möchte, dass sich das ändert.

Dain: Deswegen haben wir dieses Maß an Intensität. Du hast dein Wissen für die bedeutsame, geschlussfolgerte, metaphysische Ansicht von jemand anderem aufgegeben, die dich seitdem hat feststecken lassen. Ja oder nein?

Call-Teilnehmer: Hm, ich würde sagen, ich bin damit in der Frage gewesen.

Gary: Es tut mir leid, aber es kann nicht sein, dass du damit in der Frage gewesen bist, weil du das gerade als eine absolute, direkte Tatsache konstatiert hast. Das ist keine Frage.

Call-Teilnehmer: Okay, ja.

Gary: Wenn du versuchst, jemand anderes Lüge abzukaufen, wirst du dich nur zerstören. Bitte höre damit auf. Bitte tu dir das nicht an. Du verdienst etwas Besseres. Du verdienst mehr als das und wenn du die Vorstellung abkaufst, dass du ein gebrochenes Herz hast, kannst du es nur heilen, indem du jemand anderen findest, der dich auf andere Art missbraucht.

Dain: Frage: „Habe ich wirklich ein gebrochenes Herz? Habe ich das von jemand anderem abgekauft? Und: wenn ich aufhöre, genau das abzukaufen, was würde sich noch in meinem Leben ändern?" Und du, meine Liebe, hast weitaus mehr Potenz als du hast anerkennen wollen.

Gary: In alle Ewigkeit ... Amen!

Dain: Ihr geht immer weiter zu Leuten, von denen ihr meint, sie hätten mehr Gewahrsein als ihr, und sie haben noch nicht einmal annähernd das Maß an Gewahrsein, das ihr habt. Sie haben nicht einmal annähernd das Maß an Abenteuerlust, das ihr habt. Sie haben nicht annähernd das Maß an Sein, das ihr habt. Sie haben nicht annähernd das Maß an Fürsorge, das ihr habt. Sie leben nicht annähernd in dem Maß an Frage, wie ihr es tut.

Gary: Oder der Möglichkeit.

Dain: Du hast dir ihre begrenzte Antwort geben lassen und bist weggegangen und hast versucht, sie real zu machen. Und hast dich jedes Mal fertiggemacht, wenn es scheinbar nicht funktioniert. Nun, es wird nicht funktionieren. Du bist großartiger, als sie dir erzählt haben.

Gary: Bitte geht nicht zu Leuten, die versuchen herauszufinden, was falsch an euch ist. Es ist nichts falsch an euch.

Dain: Ich muss es euch sagen – ich habe das den größten Teil meines Lebens dynamisch getan, und jedes Mal, wenn ich jemand anderes Ansicht größer als mich gemacht habe, bin ich immer völlig verkorkst rausgegangen. Ich fragte mich, warum, und versuchte, wieder meinen Weg da raus zu finden. Und der einzige Ausweg war, wenn ich anerkannte: „Oh, ich bin größer als diese Person mir erzählt hat, und ich habe ihre Schlussfolgerung abgekauft! Genug von dem Scheiß".

Call-Teilnehmer: *Okay, also ist die beste Art, mit meinem Körper umzugehen, zu weinen.*

Gary: Ja, das ist dein Körper.

Call-Teilnehmer: Und wenn es hochkommt, einfach weinen?

Gary: POCe und PODe es und weine.

Dain: Lass deinen Körper weinen und frage ihn: „Hey Körper, was ist erforderlich, um das aufzulösen?" Aber das ist kein Weinen aus der Ansicht: „Ich habe ein gebrochenes Herz", weil das eine Bedeutsamkeit und eine Lüge ist.

Gary: Die Realität ist, dass dein Körper missbraucht wurde. Du bist missbraucht worden. Dein Körper hat all den Missbrauch empfangen. Er braucht einige Tränen, um all das loszuwerden.

Dain: Und ist das ein gebrochenes Herz oder ist das die Fürsorge, die du dich weigerst, für dich zu haben? Das ist, was sich dein Körper gerade wünscht und was er braucht. Wir hoffen für dich, dass du sagst: „Ich kümmere mich nun um mich, und ich kümmere mich um meinen Körper und werde nicht die Ansichten anderer Leute abkaufen, dass mit mir etwas nicht stimmt. Denn was wäre, wenn nichts an mir falsch wäre?"

Gary: An dir ist nichts falsch. An niemandem von euch ist etwas falsch, Leute. An keinem von euch stimmt etwas nicht. Aber ihr kauft das immer weiter ab, anstatt an euer Richtigsein zu denken.

Call-Teilnehmer: Danke.

Dain: Gerne geschehen.

Call-Teilnehmer: Ich habe gemerkt, dass ich „Was wäre wenn?" im sphärischen Sinne angewendet habe, anstatt „Was ist möglich?" in allen Bereichen meines Lebens zu fragen. Ich weiß, dass ich das von meinem Vater abgekauft habe.

Gary: Dein Vater war ein wandelndes Ablenkungsimplantat. Weißt du, nur weil du das von deinem Vater abgekauft hast, bedeutet das nicht, dass du es behalten musst. Nur, weil der Mann in so vieler Hinsicht wundervoll war, bedeutet das nicht, dass er perfekt war. Lass die Ablenkungsimplantate los, die er hatte. Fange an, alle Ablenkungen darunter zu POCen und PODen. Frage: „Worum kann ich bitten und was kann ich fordern, um dies zu verändern?", und beginne aus einem vollkommen anderen Raum zu funktionieren.

Call-Teilnehmer: Wie helfen wir Menschen mit Ablenkungsimplantaten?

Gary: Durch POCen und PODen. Du kannst fragen: „Bist du dir bewusst, dass das ein Ablenkungsimplantat ist? Fein, wir spielen mit einem Ablenkungsimplantat."

Niemand in dieser Realität sagt einem, dass Ablenkungsimplantate nicht real sind. Du kannst jemand sein, der das tut. Du musst die Person sein, die so anders ist, dass du anderen Leuten sagst, was ist, damit sie eine andere Wahl haben.

Dain: Wir tendieren dazu, uns in die Rahmen der anderen Leute einzupassen, wenn wir mit ihnen sprechen, anstatt darüber zu sprechen, was da ist und was geklärt werden kann. Wir versuchen, uns in die Parameter und Rahmen von jemand anderes Ansicht über diese Dinge einzufügen.

Ich möchte das sagen, weil ich das bei uns allen gesehen habe. In diesen Momenten, wo du das Gefühl hast, das Schlimmste auf der Welt zu sein, und nichts tun kannst und das Gefühl hast, du seist die erbärmlichste Person, die du je gewesen bist, findest du deinen Weg da hinaus, und plötzlich hast du mehr von dir als je zuvor.

Alle von euch haben eine großartigere Fähigkeit, alles von einem anderen Ort aus zu machen. Ihr könnt diese Informationen nutzen, um eure Beziehungen zu kreieren. So könnt ihr Einssein mit dem Rest der Welt kreieren.

Gary: So kreiert ihr euer Leben.

Dain: Ihr könnt den Rest eures Lebens kreieren. Euch steht wirklich eine andere Wahl zur Verfügung, und ihr müsst bereit sind, diese zu wählen. Ihr müsst bereit sein, so anders zu sein, und ihr müsst bereit sein, das brillante, strahlende Licht einer anderen Möglichkeit zu sein – weil ihr es könnt.

Gary: Ihr könnt die Inspiration sein. Ich möchte hier etwas vorlesen, weil es meine Ansicht zusammenfasst und ich es cool finde:

Riesigen Dank, danke, Gary und Dain, für eure Genialität und euer Wissen, und an jede Person bei diesem Call für euren großartigen Beitrag für diese Welt und mein Leben, meine Lebensweise, meinen Körper und meine Realität. Die Tiefe und das Ausmaß der Veränderung und Ausdehnung, die sich in meinem Leben seither ereignet haben und in den Leben der Menschen, die mich umgeben, sind unbeschreiblich. Danke, danke, danke! Wie wird es noch besser?

So geht es mir mit all diesen Calls und euch allen, die ihr euch auf die Möglichkeiten einlasst, die zur Verfügung stehen.

Dain: Ihr seid alle ein Geschenk. Dass ihr bei diesem Call seid, ist ein großer Anteil davon, dass und warum wir in der Lage gewesen sind, dahin zu gehen, wo wir hingegangen sind.

Gary: Jetzt habt ihr die Informationen darüber, was die Ablenkungsimplantate sind und dass sie dafür ausgelegt wurden, euch zu begrenzen, zusammenzuziehen und geringer zu machen. Euch geringer zu machen, ist das Schlimmste, was ihr der Erde antun könnt, und das Schlimmste, was ihr der Menschheit antun könnt. Also seid bitte alles von euch!

Nutzt, was ihr über diese Ablenkungsimplantate wisst, damit ihr anfangen könnt, alles zu sein, was ihr seid. Bitte hört auf vorzugeben, ihr seid nicht so großartig, wie ihr wirklich seid, denn das ist eine Farce. Es ist eine Farce für euch, für mich und die ganze Welt.

Dain: Danke euch allen.

> Welche physische Verwirklichung der tödlichen und ewigen Krankheit, alles zu haben, was ihr gerne hättet und euch wünscht, erkennt ihr nicht als die Perfektion und den Erwerb der Ablenkungsimplantate Angst, Zweifel, Business und Beziehung und dem ganzen Rest als die Gesamtsumme eurer Wahl an? Alles, was das ist, mal Gottzillionen, zerstört und unkreiert ihr das alles? Right and Wrong, Good and Bad, Poc and Pod, All 9, Shorts, Boys and Beyonds.

DAS CLEARING STATEMENT VON ACCESS CONSCIOUSNESS

In diesem Buch stellen wir viele Fragen, und einige davon können deinen Kopf vielleicht ein wenig durcheinanderbringen. Das ist unsere Absicht. Die Fragen, die wir stellen, sind darauf ausgelegt, deinen Verstand von der Bildfläche verschwinden zu lassen, damit du zur Energie jeder Situation vordringen kannst.

Sobald eine Frage deinen Kopf verwirrt und die Energie einer Situation hochgebracht hat, fragen wir dich, ob du bereit bist, diese Energie zu zerstören und unzukreieren – denn festhängende Energie ist die Quelle von Barrieren und Begrenzungen. Wenn du diese Energie zerstörst und unkreierst, öffnet dies die Tür zu neuen Möglichkeiten für dich. Dies ist deine Gelegenheit zu sagen: „Ja, ich bin bereit, loszulassen, was auch immer diese Begrenzung an Ort und Stelle hält."

Danach folgt ein seltsamer Satz, den wir als Clearing Statement oder auch Löschungssatz bezeichnen:

Right and Wrong, Good and Bad, POD and POC, All 9, Shorts, Boys and Beyonds°

Mit dem Clearing Statement gehen wir zurück zur Energie der Begrenzungen und Barrieren, die kreiert wurden. Wir schauen uns die Energien an, die uns davon abhalten, vorwärtszugehen und uns in alle Räume auszudehnen, in die wir gerne gehen möchten. Das Clearing Statement ist einfach eine Kurzformel, die die Energien anspricht, die die Begrenzungen und Zusammengezogenheiten in unserem Leben kreieren.

Je mehr du das Clearing Statement laufen lässt, umso tiefer geht es und umso mehr Schichten und Ebenen kann es für dich aufschließen. Wenn bei einer Frage viel Energie bei dir hochkommt, solltest du den Prozess vielleicht mehrfach wiederholen, bis das angesprochene Thema kein „Thema" mehr für dich ist.

Du musst die Wörter des Clearings Statements nicht verstehen, damit es funktioniert, weil es um die Energie geht. Wenn du aber wissen möchtest, was die Wörter bedeuten, folgen jetzt einige kurze Definitionen.

Right and Wrong, Good and Bad ist die Kurzfassung für: Was ist richtig, gut, perfekt und korrekt hieran? Was ist falsch, schlecht, gemein, bösartig und fürchterlich hieran? Die Kurzform der Frage lautet: Was ist richtig und falsch, gut und schlecht? Es sind die Dinge, die wir als richtig, gut, perfekt und/oder korrekt erachten, an denen wir am stärksten festhalten. Wir möchten sie nicht loslassen, weil wir beschlossen haben, sie richtig hinbekommen zu haben.

POD steht für den Punkt der Zerstörung (**p**oint **o**f **d**estruction), also all die Arten, auf die du dich zerstört hast, um das, was auch immer du clearst, in der Existenz zu halten.

POC steht für den Punkt der Kreation (**p**oint **o**f **c**reation) der Gedanken, Gefühle und Emotionen, die deiner Entscheidung unmittelbar vorausgegangen sind, die Energie an Ort und Stelle einzuschließen.

Manchmal sagen die Leute „POD und POC", was einfach die Kurzform für das längere Clearing Statement ist. Wenn du etwas „PODest und POCst", ist das, als ziehst du die unterste Karte aus einem Kartenhaus. Das ganze Ding bricht zusammen.

All 9 steht für die neun verschiedenen Arten, auf die du diese Sache als eine Begrenzung in deinem Leben erschaffen hast. Dies sind die Schichten an Gedanken, Gefühlen, Emotionen und Ansichten, die die Begrenzung als solide und real kreieren.

Shorts ist die Kurzfassung einer sehr viel längeren Reihe an Fragen, wie unter anderem: Was ist bedeutungsvoll daran? Was ist bedeutungslos daran? Was ist die Bestrafung dafür? Was ist die Belohnung dafür?

Boys steht für energetische Strukturen, die geschlossene Sphären genannt werden. Im Prinzip haben sie mit jenen Bereichen unseres Lebens zu tun, in denen wir ohne jeglichen Effekt immer wieder versucht haben, etwas in den Griff zu bekommen. Es gibt mindestens dreizehn verschiedene Arten dieser Sphären, die zusammen als „boys" bezeichnet werden. Eine geschlossene Sphäre sieht aus wie die Blasen, die entstehen, wenn du in eine dieser Seifenblasenpfeifen für Kinder pustest, die mehrere Kammern haben. Es entsteht eine Riesenmenge an Blasen, und wenn du eine Blase platzen lässt, wird sie schon durch die nächsten ersetzt.

Hast du jemals versucht, die Schalen einer Zwiebel zu pellen, als du versucht hast, zum Kern eines Problems zu gelangen, hast ihn aber nie erreicht? Das liegt daran, dass es keine Zwiebel war, sondern eine Haufensphäre.

Beyonds sind Gefühle oder Empfindungen, die dein Herz stehenbleiben lassen, deinen Atem ins Stocken bringen oder deine Bereitschaft stoppen, die Möglichkeiten anzuschauen. Beyonds ist das, was eintritt, wenn du unter Schock stehst. Es gibt viele Bereiche in unserem Leben, in denen wir erstarren. Jedes Mal, wenn du erstarrst, hält dich ein Beyond gefangen. Das ist das Problematische an einem Beyond: es hält dich davon ab, präsent zu sein. Die Beyonds beinhalten alles, was jenseits von Glaubenssätzen, Realität, Vorstellung, Auffassung, Wahrnehmung, Rationalisierung, Vergebung liegt, sowie alle anderen Beyonds. Sie sind gewöhnlich Gefühle und Empfindungen, selten Emotionen und nie Gedanken.

Mehr Informationen zum Clearing Statement findest du unter https://www.accessconsciousness.com/theclearingstatement

CPSIA information can be obtained
at www.ICGtesting.com
Printed in the USA
LVHW042017280122
709674LV00019B/2226